文庫ぎんが堂

伝説のヤクザ18人

山平重樹

イースト・プレス

はじめに　古きよき時代のヤクザたち

全国どこへ行っても、早逝したヤクザの伝説があって、地元関係者をして、

「もしあの男が生きていたら、その後のヤクザ地図は変わったものになっていただろう」

と言わしめる男が必ず存在するものである。

そんな伝説のヤクザを毎週一人取りあげて書かないか——と知りあいのS編集者から声をかけられ、連載が始まったのが『週刊実話』の『伝説のヤクザ』である。その連載の一回目から十九回目（十八人）までをまとめたのが本書である。

S氏との打ちあわせの際には、

「有名なヤクザばかりでなく、あまり世に出ていない、知られざる人物を取りあげてもいいではないか」

との話もあったのだが、結果はやはりどうしても〝モロッコの辰〟やら〝雁木のバラ〟、〝銀座警察〟といった誰にも馴染みのスターヤクザが中心になってしまった。

いずれも故人を対象に、生きた時代も属した組織も、貫目や地位、立場といったものもまちまちなのはいうまでもないが、地域的には圧倒的に東日本が多くなったのは、もとより西に人がいないということではなく、私の守備範囲のゆえんである。むしろ東に劣らず、西が〝伝説〟の宝庫であるというのは定説になっている。

だから、私がここで取りあげた〝伝説のヤクザ〟は、書物や文献によって調べたものではなく、直接本人、あるいは関係者から取材したことのある対象がほとんどであり、

「ほう、こんなすごい男がいたんだなあ」

と、自分の皮膚感覚で実感できた男たちばかりといっていいと思う。

それにしても〝伝説のヤクザ〟とはヤクザの古きよき時代の産物であるような気がしてならない。

いまはもはやヤクザが伝説とはなり得ぬ時代であろう。業界再編、巨大組織による寡占化の動きはさらに活発化し、ヤクザ社会も徹底した〝組織の時代〟となった。い

まや、彼らはある意味ビジネスマン以上に管理された存在になっているのだ。

「昔は若いうちは人と違ったことをやらなきゃ出世できなかったが、いまは人と違ったことをやってると組織から切られてしまう」（都内の某幹部）

との話もあるようにつねに組織の一員であることを要求され、個人プレーは許されないというのだ。

となれば、突出した者、はみだし者は切られる運命にあり、〝ナントカの某〟と異名をとるような豪傑、型破りな個性派はなかなか生まれにくい時代になってきているわけだ。寂しい話には違いない。

そういう意味で、本書はヤクザの古きよき時代に捧げるオマージュといっていいかも知れない。本書に登場するヤクザはいずれも際だった個性派ぞろいであり、なかには度はずれて破天荒な男たちも出てくるが、それでいて誰もが一本ビシッと筋が通っていた。

連載の一回目として、住吉連合会の堀政夫総裁を取りあげたのは、任侠人の典型として真っ先にその名が浮かんだからにほかならない。まったき正統派が伝説になっているというのも、興味深いことであろう。

文庫化するにあたり、帯に推薦文をお寄せいただいたNPO法人「五仁會」代表竹垣悟氏、また解説文をいただいた宮崎学先生、お二人とのご縁をつないでくださったライターの日暮敬氏に感謝を申し上げたい。
(なお、本文に登場する人物の肩書は、すべて二〇〇五年一〇月当時のものである)

山平重樹(やまだいらしげき)

伝説のヤクザ18人　目次

第一話　ヤクザ界の共存共栄に心砕いた真の任侠

堀政夫

（住吉連合会総裁）

覇道ではなく王道を求めて

住吉連合会（現・住吉会）総裁の堀政夫が肝硬変のため急逝したのは平成二年十月二十五日のことで、任侠界を大きな衝撃が駆け抜けた。まだ六十五歳という若さで、およそ全国の関係者からこれほど惜しまれた死というのも、珍しかったであろう。

ある親分は、

「巨星墜つ——まさに一つの時代が終わったという感じです。それにしても、あまりに早すぎる。本当に惜しい。とくにいまのような時代であればこそ、堀政夫という人には生きていてもらいたかった。一番、必要な人だったんですが……もう、あんな人は出ないでしょう」

と、絞りだすような声をあげたものだ。

三日後、東京・板橋の戸田橋斎場で行われた葬儀には、全国から名だたる親分衆、組関係者が馳（は）せ参じ、その数はざっと二万人にものぼった。近年稀（まれ）に見る盛大なものとなったのだった。まさに人の評価は柩（ひつぎ）を覆ったときに初めて定まるという格言が、そのまま当てはまるような情景であった。

ともかく、これほど全国の親分衆、任侠人から敬愛を一身に集めた親分もいなかったのではあるまいか。私自身、身をもって経験したことだが、全国どこへ行っても、最大級の賛辞をおくる声は聞こえても、悪くいう人には出会ったことがなかった。

「あれだけの大組織のドンなのに、驕り高ぶったところのかけらもない人だった。カタギの人に迷惑をかけたり、他組織に気遣いさせたりすることを極力嫌って、お伴も連れずに一人で電車に乗るのを好むような人でね。任侠界の範となる親分だった。われわれは偉大な指導者、業界の至宝ともいうべき人物を失ったということです」

堀政夫という人の凄みは、こうした声が、住吉会の関係者ではなく、他組織の親分衆からのものだということだ。

皮肉なことに、いわゆる暴対法（暴力団対策法）が、暴力団新法として「検討段階に入った」と、警察庁によって発表されたのは、堀政夫の死の直後のことだった。以来、マスコミのキャンペーンも始まって、間もなく暴対法は施行され、今日の定着となったのである。それはきわめて象徴的な事柄で、堀政夫の死は、紛れもなく一つの〝任侠〟の終焉といってよかったかも知れない。

「堀総裁のような正真正銘の任侠人が亡くなったあとで、こういう〝任侠〟という言葉さえ死語となってしまうような法律ができてしまうんだから、皮肉なもんですよ。

こんな新法のようなもんを知らずに亡くなったことは、堀総裁にとって不幸中の幸いだったかも知れませんが、逆にカタギの人たちから新法に対する反対の声があがらなかったという事実を知れば、やはり嘆いただろうし、同時にわれわれにさらなる反省を促したでしょうね。なにしろ、生前、堀総裁が一にも二にも心を砕いたのは、ヤクザ全体がいかにカタギの人たちに迷惑をかけずに生きていくかということで、そのための平和共存路線でしたから」

とは、住吉会関係者の弁だった。

たしかに堀政夫が最後の最後まで貫こうとしたのは、「平和共存、内政不干渉」の鉄則であった。今日の巨大組織・住吉会の基盤を築いた最大の立役者ではあったが、堀が求めたのは覇道ではなく王道だった。

激しい気性を心のなかで封印

堀の晩年のことになるが、ヤクザ界が再編問題で揺れ動き、あたかも戦国時代の国盗り合戦のような様相を呈していた時期があった。当然ながら、三大組織といわれる住吉連合会もそんな渦のなかに巻きこまれるハメになったのだが、堀の姿勢は一貫していた。

北海道や東北、関東地区には、堀の代紋違いの舎弟になっている者が少なくなかった。いずれも一家の長である。が、堀はそうした者たちを住吉連合会の傘下に取りこもうという考えは、ほとんどなかったようだ。

関西のほうであれば、他組織の者を舎弟にするということは、とりも直さず、十中八九、その者が自分の傘下になることを意味するのだが、堀はあくまで相手の立場を尊重したのである。

むしろ、住吉連合会に入りたいという長に対して、

「一本（独立組織）でやれるなら一本でやったほうがいいですよ。一家の代紋の歴史と伝統を守ってください。そのうえで親戚以上のおつきあいをしましょう」

というのが、堀のスタイルだった。

こんな話も残っている――。

やはり、ヤクザ界が揺れ動いていたときだが、当時の住吉連合会の最高幹部の一人であるAが、堀に、

「私の兄弟分が、住吉に入れてもらいたいといってるんですが、なんとか話を聞いて

もらえませんか」

という話を持ってきた。そのAの兄弟分というのは、他の代紋に所属する最高幹部で、ある名門一家を率いる長であった。

普通なら飛びつく話で、ヤクザの世界でAは、「よくやった。でかした！」と、大変な手柄になるはずだった。ところが、堀はそれに耳を貸すどころか、話を聞いた途端、

「おまえは関東二十日会の秩序を壊すのか！」

と、Aを叱り飛ばしたという。なおかつそのうえで、Aに対し、

「兄弟分なら、うちへ引っ張るなんてことを考えるより、いまのままで立派にやっていけるよう助けてやるのが本当だろう」

と、筋論をいって諭したという。これにはAも、ただ恥じいるばかりで、

「誉められるつもりが怒られちゃったよ」

と頭をかいたのだが、これ以来、なおさら堀に心酔するようになったのだった。

ただ、こうした堀の、

「和に徹して極力抗争のないように」

という姿勢が、ヤクザは弱肉強食の世界であり、やられたらやり返すのが鉄則である――とする力の論理の信奉者からは、ややもすれば、弱腰と見られたことがあったかも知れない。

堀政夫をよく知る長老が、こういったものだ。

「知らないヤツは堀総裁のことをおとなしい穏健派だと思っていたかも知れんが、とんでもない話でね。そりゃ、もともとがそういう男だったら、我慢も楽なもんだろうよ。ところが、気性の激しさは半端じゃないんだ。武闘派といったらあれくらいの武闘派はいないよ、本来は。そんな男がよくもあれだけ我慢したかと思ってね。それを考えると、こっちまでつらくなってくる。堀政夫の我慢のしかたというのは、想像を超えるもんだったと思うよ」

事実、そんな堀の激しさを表す若き日の武勇伝は、数多く残っている。

〝お役者政〟若き日の武勇伝

若いころの堀政夫の呼び名は、〝お役者政〟。その異名の由来は、終戦直後、東京・芝白金（しばしろかね）の演芸館を主舞台としていた芝居一座の用心棒をしていたからとも、役者のような端整な顔立ちをしていたからともいわれる。

その時代の堀を知る一人が、いまは亡き落合一家六代目総長の高橋岩太郎で、氏からこんな話を聞いたことがあった。

「〝お役者政〟というのは、色が白くて男っぷりが非常に良かったからね。だけど、そんな顔に似あわず、短気で気性の激しい人だった。その姿を見ただけで、このへん（恵比寿界隈）の愚連隊はみんな震えたもんだ。誰もが一目置いたんだな」

高橋岩太郎が戦後間もない時分――二十代のころの堀をよく知っているのは、家が近所同士だったからだ。堀は港区の白金三光町に住んでいて、お隣りの恵比寿の高橋岩太郎の家や賭場に、ちょくちょく遊びに来ていたという。

岩太郎夫人も、そんな堀を「政ちゃん」と呼んでかわいがった。が、ある日、その姐のところへ恐喝に来た愚連隊があって、堀はたまたまそこへいあわせたものだから、怒り心頭に発し、

「このヤロー！　オレが世話になってるとこへ、ハイダシに来るなんて、もってのほかだ」

というが早いか、持っていた匕首であっという間に相手の顔と腹を斬り、病院送り

にしてしまったという。

また、あるときには、芝浦の札つきの愚連隊と、匕首による一対一の勝負をして、相手の耳をバッサリ斬り落としたというから、すさまじい。

「顔は役者みたいにいい男なのに、何でそんなに無茶なんだろと思うほどヤンチャなところはあったけど、そのころから筋は一本通ってたな」

と、高橋岩太郎六代目総長。

二十代半ばには、自ら旅芝居一座の興行を持って東北をくまなく歩いている。まだ売りだす前、無名時代のころだ。堀の仕事は先乗りといって、現地に先に入って小屋主と交渉し、契約を交わして役者を入れることだったという。

もっとも、この時期の旅は興行のためばかりではなかったようだ。昭和二十八年ごろには、博奕（ばくち）で手配を受けた凶状旅で、青森・弘前（ひろさき）の千葉東一家（現・住吉会住吉一家千葉東二代目）に一年あまりワラジを脱いだこともあった。

堀はこの時代のことを回顧して、よく「日本を二まわり半したよ」と語ったものだ。それほど旅また旅の時代があったのだろう。

我慢の姿勢も、この時代に培ったものが大きかったかも知れない。また、旅の空の下、多くの人との触れあいのなかで、義理の大事さも痛感したであろう。

そんな堀が、住吉一家四代目の磧上義光の病没に伴い、住吉一家五代目を継承したのは昭和四十二年、四十二歳のときである。

この時期がどんな時代であったかといえば、警察庁による〝第一次頂上作戦〟により、ほとんどの組織が解散を余儀なくされていたときである。磧上四代目が「港会」を発展的に解消して結成した「住吉会」も、二年前の四十年五月に、解散に至っているのだ。

いわば住吉一家が最も困難を強いられ、試練を迎えていた時期に、堀政夫は跡目をとったのである。

体現した「任侠、人を制す」

住吉一家五代目総長の座に就いた堀は、昭和四十四年、かつての住吉会当時の同志を糾合して「住吉連合」に発展させ、自ら「代表」となった。

さらに五十七年五月、組織の刷新と再編を断行、名称も「住吉連合」から「住吉連合会」に改め、堀も代表から会長に呼びかたが変わった。

それはまさに大改革といってよく、従来の体制では、堀代表の次に常任相談役―相談役―常任評議員―評議員―代議員という順序で役職名が並んでいたが、新体制では新たに副会長職を設け、百数人といわれた常任相談役のなかから十二人が副会長に選出されている。そしてその一方では、功績のあった長老や先輩諸氏のために名誉顧問、常任顧問、特別参与などの席を用意し、一気に近代的な任侠組織に衣替えしたのである。現在の組織形態にほぼ近いものができあがったのだった。

翌五十八年十月には、〝池袋抗争〟が勃発。それは当時の住吉連合会幸平一家系列組織と極東関口三浦連合会（現・極東会松山連合会）系組織とによる抗争で、かなり激しい応酬が展開された事件だった。

悪いことにこの抗争では、住吉連合会側の拳銃発砲で警察官と民間人を負傷させる事態まで招いてしまった。

このとき、堀政夫は間髪を入れず、抗争の責任者といえる住吉連合会幸平一家系I会のI会長を赤字破門にする断をくだした。I会長は大学出の売りだし中の若手組長で、組員五百人を擁するといわれた実力者だっただけに、「厳しすぎる処分ではないか」との声もあり、業界への波紋も大きかった。

この破門は、これより数カ月前に、関東二十日会で取り決めたばかりの、

《一般民間人や警察官に危害を加えた者は、破門処分にする》

という規約に抵触したからだった。

それは思いきった決断であり、改めて堀政夫という親分の、

「カタギ衆に迷惑をかけず、業界の平和共存」

に賭ける姿勢の厳しさを、如実に見せつけるものでもあった。

《彼にとっては住吉連合会のドンなどという凡俗な名声にはさほど関心なく、仏法で謂う方便としてその地位を確保し、ひたすら和合の理想に邁進したものと思う。その裏づけとして、何人にも自己顕示の欲望があるが、彼はいかなる大役をこなしても、仲間を表に立てて自らは縁の下の力持ちに徹したのである。彼の如く謙虚に名を求めることなく和合にのみ、没頭した人物は、売名出ずっぱりの横行する当世にはきわめて稀な存在で、まさに不世出のいい男と称賛いたしたい》（『堀政夫を偲ぶ』より抜粋）

との一文を残したのは、滝野川一家四代目総長の福原陸三であった。

今日の巨大組織・住吉会の基盤を築きあげた男——堀政夫。が、堀は代紋の力では

なく、〝任侠〟で人を制した親分であった。力で制するのではなく、任侠の真髄を見せることで、相手が、自然に堀の大きさに引きこまれてしまったというのだ。

『任侠、人を制す』——とは、堀のためにあった言葉だったのかも知れない。享年六十五、戒名は『大剛院總住慈仁日政居士』であった。

第二話　喧嘩の掛けあいで一歩も引かぬ〝トッパ政〟

浜本政吉

（住吉会最高顧問）

「赤坂のご意見番」と畏敬され

住吉会の最高顧問をつとめた浜本政吉が関東の〝伝説のヤクザ〟といわれるゆえんは、その一つに、何よりその喧嘩（けんか）の掛けあいの凄みがあったからだろう。

圧倒的に不利な局面でも、浜本にかかると、いつのまにかそれがひっくり返ってしまっていたという。こんな鬼気迫る啖呵（たんか）がどこから出るのだろうと思うくらいの圧倒的な迫力で、相手はグウの音も出なくなるのだ。つねに強気一辺倒で、並の男ならとっくに崖っ淵から落ちてしまいそうな場面でも、足の爪先一つ残して突っ張るのが、浜本政吉という男であった。

その所作といい、啖呵といい、呼吸といい、到底誰も真似（まね）のできるものではなかった。そうした浜本の見事としかいいようのない、胸のすくような掛けあいの現場を目のあたりにした者は、誰もがシビれたという。

仮に、圧倒的にこちらに分が悪く、相手方が七割から八割ぐらいの優位に立ったうえで、浜本の事務所に掛けあいに来たとする。本来ならどう転んでも浜本サイドには勝ち目がなく、ほぼ相手のいい分通りに話をつけなければ収まりがつかないような事態でも、浜本は違った。

まずは浜本は、相手に喋（しゃべ）らせるだけ喋らせるのだ。その話にジーッと耳を傾けているのだが、その過程で、仮に相手がひと言でも間違った言辞を吐いたら、浜本は容赦しなかった。

「おい、そりゃ、どういうことだ！」

と逆に相手の不用意な発言を衝き、とことん追いこんでしまうのだ。八対二のものがいつのまにか五分五分となり、そのうちに形勢は逆転し、終（しま）いには相手のほうが、

「すいませんでした」

と、すごすご帰らなければならない始末となるのだった。所詮、役者が違っていたのだ。〝赤坂のご意見番〟の異名通り、浜本はひとたび気にいらないことがあれば、代紋違いの親分衆でも平気で呼びつけ、烈火のごとく怒った。

たとえば、日本一の夜の社交場といわれた『ラテンクォーター』で、たまたまよその若い衆を目にしたりすると、後日、そこのトップを呼びだし、

「何月何日、ラテンクォーターに、おまえんとこの若い者がいたが、誰も挨拶に来なかった。どういう教育をしてるんだ！」

と開口一番雷が落ち、相手はたまらず、

「わかりました。みんなに厳重に注意しときます」

と平身低頭することになる。

浜本にはそんな稚気もあったが、相手が素直に詫びてくれば、肚に何も持たない男だった。場合によっては、そうした一件がきっかけになって、いいつきあいに発展するケースも少なくなかった。

その代わり、自分のほうがどう弁解しようもなく悪いときには、すぐに相手方に詫びに行くのが、浜本の流儀であった。

浜本は大正六年、石川県七尾市在の裕福な米穀・木炭問屋に、五人兄弟の次男として生まれた。家業は父の代でますます繁盛し、米穀・木炭業のほか、広い山林を所有し、ポンポン蒸気船で廻船業を営むほどにまでなったが、のちに零落する。

「心こそ心まよわす心なり」

浜本は七尾商業学校中退後、あまりのヤンチャぶりに手を焼いた父親と長兄とによって、東京・芝浦の海運業・荒井組を率いる親分、荒井直に預けられた。

荒井の家は品川・青物横丁にあり、別棟には荒井組の港湾作業員たちが住んでいた。

浜本はそこに部屋住みの身となったのである。

荒井直は関東大震災直後、全国から船で救援物資が続々と東京湾に運びこまれ活況を呈していた芝浦に、労務供給業「荒井組」を設立、間もなく海運業を興した。横浜の笹田組・笹田照一、東海荷役・鶴岡政次郎、藤木企業・藤木幸太郎、同じ芝浦の高木組・高木康太らに匹敵する実力者であった。

青物横丁の荒井邸別棟にある若い衆部屋には、常時いろんな人間が出入りして自由な雰囲気があったという。

ここで浜本は、ある男——同じ部屋住みの先輩と、運命的といっていい出会いをする。のちの住吉一家大幹部で、「ヤクザのなかのヤクザ」といわれ、浅草妙清寺事件で悲運の最期をとげる向後平である。

二人は意気投合し、間もなく浜本は向後を兄貴と呼ぶようになり、芝神明の界隈では誰知らぬ者とてない兄ィになっていく。無鉄砲で命知らずの浜本は、〝バカ政〟〝トッパ政〟の異名で売りだしていったのだ。

「〝バカ政〟というのは、何かあると、本人が、『おう、オレはバカだからな』というのを口癖にしてたらしく、そのうち〝バカ政〟になってしまったということです。

〝トッパ政〟も、あんまりトッパ（突破）な人だったから。なあに、本当はあんなに頭のいい人はいません。ともかく、若いころの無茶なことは半端じゃなく、酔っ払って日本刀を持って新橋から並木通りを自転車で走ると、『あっ、バカ政が来た』って、皆、あわてて姿を隠したっていいますから」（消息通）

戦後、住吉一家三代目総長阿部重作の若い衆となったのは、事業に専念するという荒井によって、兄貴分の向後ともども送りこまれたからだった。

昭和三十一年三月六日、世に名高い妙清寺事件で、浜本は兄貴分の向後を失い、自らは懲役五年の刑を受け、以前の傷害と恐喝罪の三年まで加えられ、合計八年の刑をくだされた。

このときの横浜刑務所での服役生活が、浜本を人間的にひとまわり大きくさせたのは間違いなかった。

浜本が、身内の者が面会に来るたびに差し入れさせたのは、仏教書であった。それによって、シャバでは体験することができなかった心の世界に目を開かせたのだ。仏教でいう〝菩提心（ぼだいしん）〟に目ざめたとでもいうべきであろうか。そのきっかけとなったのが、一休和尚の著書であった。

服役中のこの体験を経て、浜本は出所後も仏教をつねに心の糧とするようになるのだが、自分の信念となり、座右の銘となったのが、

《心こそ心まよわす心なり、心に心、心ゆるすな》

という一休の道歌であった。

生前に映画化された存在感

浜本が懲役八年の刑を終えて（一年の仮釈放がついて実質七年）、横浜刑務所を出所するのは、昭和三十八年十月のことである。

以来、浜本は「浜本企業」に始まってレストランやナイトクラブ、土建業「浜本組」の経営など、いろんな事業に取りくんだ。だが、武士の商法ではないが、どれもいまひとつうまくいかなかった。

そんな浜本が満を持して昭和五十年、赤坂のTBS近くの一等地のビルに設立したのが、「株式会社ハマ・エンタープライズ」である。

浜本は同社設立と同時に会長に就任、皆に「会長」と呼ばれるゆえんとなった。

「会長は会長でも、オレはハマ・エンタープライズの会長だよ」

と、浜本は口癖のようにいうのがつねだった。

その設立記念パーティーが帝国ホテル「富士の間」で開催された。約五百人の列席者を集める盛大なものだった。政財界や右翼の大物も姿を見せ、浜本の実力を見せつけた。

折しも、浜本をモデルにした映画『バカ政（まさ）・ホラ政・トッパ政』（中島貞夫監督、菅原文太主演、中山仁、ケーシー高峰、倍賞美津子、伴淳三郎出演）が東映で製作（昭和五十一年公開）されたこともあって、鶴田浩二、菅原文太ら東映のスター俳優陣もこぞって駆けつけ、一層華やかなパーティーになった。

この赤坂のハマ・エンタープライズの事務所が、毎月一回開催される「浜本兄弟会」の会合場所となった。

浜本兄弟会というのは、浜本政吉を中心にとりわけ浜本と縁の深い舎弟たちによって結成されたもので、当初のメンバーは、西口茂男、牧野国泰、亀井利明、広川進、小西保、清水幸一、中久喜源重、田中義治、五十嵐隆治、林勇太郎、中村利宣、稲葉一利、福中久雄、石井義雄、武田憲雄の十五人であった。よくぞこれだけの錚々（そうそう）たる親分衆が集まったと思われるほどの、実力派ぞろいの顔ぶれとなったのである。

浜本は平成二年二月に脳卒中で倒れ、五年の闘病生活を経たのち、平成七年一月十二日に肺炎で世を去るのだが、倒れる直前まで元気そのもので、毎晩、銀座通いを欠かしたことがなかった。

とはいえ、酒は一滴も飲まず、飲むのはほうじ茶専門で、どの店にも浜本専用の湯呑み茶碗が置いてあった。もともと酒豪として鳴らしたのだが、ある時期からピタリと禁酒して以来、きっぱりとそれを守ってきたのである。

浜本兄弟会に属した舎弟のなかに、すこぶる酒癖の悪い者がいて、その酒をやめさせるために一緒に始めた禁酒であった。が、その舎弟の禁酒はわずか二カ月も持たずに破られたのだが、浜本のほうは二十年近くも守り通すことになる。

浜本は無類のおシャレだった。靴下やパンツにまでアイロンをかけ、靴となると、裏まで顔が映るくらいにピカピカに磨くのが当たり前で、部屋住み（親分宅や組事務所に住み込み、雑用などをこなす若手組員）は片方に一時間ずつ二時間かけて念入りに磨いたという。浜本の部屋住みとなると、アイロンがけと靴磨きは必修科目で、誰もが抜群にうまくなった。

浜本は、新しい背広をつくって銀座に着ていくのを生きがいの一つにしていた。着道楽というやつであろう、多いときには月に六着ぐらい背広をつくったものだ。

そのダンディぶりは、親友のボンノこと菅谷政雄と東西の双璧であったかも知れない。ただ違うのは、映画俳優にも影響を与えたというファッショナブルなボンノはセーターやジーパンも好んで身につけたが、浜本にはそういうところはなかった。

「昔、神戸からこっちにラバーソールを持ちこんで、銀座中の不良にラバーソールを流行らせたのは、ボンちゃんだったなあ」

浜本は懐かしそうにボンノとの思い出を語ることがあった。

また、浜本が身内の者たちにかねがね口にしたのは、〝遊侠道〟という言葉である。

「オレたちは任侠道じゃなくて、遊侠道だよ。だって、そうだろ。オレたちヤクザは遊び人、遊ぶ侠じゃねえか」

いかにも浜本らしい解釈であった。

精神も磨いたダンディズム

昭和六十三年、住吉連合会は画期的な組織改革を断行し、総裁制を敷いた。会長の堀政夫が「総裁」、理事長の川口嘵史が「会長」、副会長の西口茂男が「理事長」、副会長の小林楠扶が「本部長」にそれぞれ就任したのである。次を見据えた、堀の磐石の人事といってよかった。

長老格の浜本政吉は、「最高顧問」の席を用意され、ご意見番として睨みをきかす存在となった。

浜本は、堀政夫が住吉一家五代目を継承した時分から、この年少の跡目をよく立て、バックアップを惜しまなかった。

たとえば、葬儀などの義理場で、主催する組織が浜本に気を遣って、堀の花輪や祭壇の名札より浜本のほうを上座に並べることがあった。すると、浜本はすぐさま責任者を呼びつけ、

「どうしてオレが堀政夫より上なんだ。住吉一家は堀が総長で、オレはその若い衆じゃないか。オレのは下におろしてくれ」

と厳格に命じるのだった。そして堀に対しては、つねに「跡目」とか「総長」と呼び、決して呼び捨てにするようなことはなかった。

堀にすれば、そんな「浜兄ィ」の引き立てが何より心強かったのはいうまでもない。

さて、総裁制を敷いた翌々年の平成二年、浜本にとっても住吉連合会にとっても最

大の試練を迎える。一月には小林楠扶本部長、五月には川口喨史会長、十月には堀政夫総裁が、それぞれ肝硬変のために急逝するのだ。

また、浜本自身にも病魔が襲った。一月末、目黒・祐天寺で行われた小林楠扶の葬儀が、浜本にとっても公の場への最後の出席となった。

葬儀は雪がちらつく厳寒のなかで開催されたが、このとき七十二歳の浜本は、他の者が毛糸の股引を穿いて参列しているのを知って、

「見てみろ、オレは股引なんか穿いてないぜ」

とズボンの裾をたくしあげるようにして、己の頑健さを自慢したものだった。それは若さの証などというよりは、股引を穿く行為そのものを自分のダンディズムが許さなかったからだろう。

その浜本が、それから間もない二月九日、脳卒中で倒れるとはいったい誰が予測し得たであろうか。

五年の闘病生活を経て、浜本が肺炎のため世を去ったのは、平成七年一月十二日午前五時五分であった。享年七十八。戒名は『妙法吉光院法應日政居士』であった。

浜本の舎弟で住吉会常任顧問（当時）の小西保が葬儀委員長をつとめ、こう挨拶を

述べて浜本を偲んだ。

「……御承知のように、故人は一家一門を統率する頭領たちを多数舎弟に束ねて、侠道のなかに正義を求めて頑ななまでに信義を貫き、住吉の浜本としてその名を天下に示しました。（中略）このうえは亡き故人が追い求めておりました誠の侠道の確立、善し悪しを別にして一蓮托生に暴力団などという誤った認識を正すためにも、志を一つにする皆々様とともにますます任侠道に前進していく覚悟でございますれば、今後住吉はもちろん、浜本一門に御厚情賜らんことを切望してやみません……」

第三話　稲川会の礎を築いたハマの愚連隊〝モロッコの辰〟

出口辰夫

（稲川一家幹部）

京浜間の不良がシビれた男

横浜伝説のヤクザ——というより、死ぬまで愚連隊気質が抜けなかった〝モロッコの辰〟こと出口辰夫に、私が強く魅せられたのは、一枚の写真を見たことによる。

井上喜人、林喜一郎、佐藤義雄とともに写ったそのモノクロ写真に、鮮烈な印象を持ったのだ。他の三人が後方に立ってカメラに目を向けているのに、一人モロッコだけが前にしゃがんで世を拗(す)ねたようにそっぽを向いた姿がなんともカッコよかった。手にさりげなく煙草を持ち、オールバックのヘアースタイル、口ヒゲ、ワイシャツにネクタイ姿も大層様になっていた。

「なるほど、これが噂に聞く〝モロッコの辰〟か……」

と納得するに充分で、その写真が何より〝モロッコの辰〟そのものを語ってあまりあった。

実はこの写真を私に提供してくれたのが、平成五年十月二十日、朝日新聞社で壮絶な自決をとげた野村秋介氏で、氏は若かりしころ〝モロッコの辰〟一門として愚連隊社会に身を投じていた時期があったのだった。

たまたま網走(あばしり)刑務所で五・一五事件の三上卓門下の青木哲と出会ったことが、氏を民族派へと開眼させることになるのだが、それまでモロッコの末弟に連なる立場で、横浜を奔放に駆けまわった猛き日々があったのだ。

若くして死んだモロッコと野村氏との接触はほんのわずかにすぎなかったものの、モロッコがつねづね語ったのは、

「いいか、オレたちは土壇場の態度が大事なんだ。どんな場面でも、どんな相手であれ、助けてくれだの、命乞いしちゃ終いよ。どんなに締められようと、痛いなんていっちゃいけねえ。オレたちで大事なのはそういうときだけなんだ。そういうときの態度だけが他人に語られるんだ」

というもので、野村氏もそういう場面になると、決まってそのモロッコの言葉を思いだしたという。

その野村氏が平成五年十月二十日に自決したことは前述したが、ちょうどそれより二カ月ほど前、氏が最後の旅の地として選んだ場所がモロッコであった。

約十日間にわたる旅の最終日、氏は夕食の際、門下生たちには奇異とも思える行動をとっている。レストランでの歓談の最中、ふっと押し黙ったかと思うと、財布から肌身離さず持っている一枚の名刺を取りだし、それをやおらキャンドルの炎で燃やし

てしまったのである。氏は灰になった名刺を見つめながら、しみじみとこうつぶやいたという。

「兄貴、兄貴があれほど行きたい、行きたいっていってたモロッコに、オレはとうとう来ましたよ。こうやって若い人たちと一緒にね。兄貴、オレの旅もどうやら終わりに近づいたようです……」

燃やした名刺には、『龍天院辰翁正覺居士』という〝モロッコの辰〟の戒名が書かれていたのだった。

諸説あった異名のいわれ

〝モロッコの辰〟という異名の由来は、戦前、日本で大ヒットしたゲーリー・クーパー、マレーネ・デートリッヒ主演のアメリカ映画『モロッコ』に憧れ、

「オレも一度でいいから、モロッコに行ってみたい」

とその夢を語り続けたから——というのが、一般に流布されている説である。が、モロッコ一統のなかで、その説に異を唱える元舎弟もいた。

「兄貴は若いころずっとボクシングをやっており、六回戦まで行ってるんだが、ある

とき東京でボクシングの興行がかかり、兄貴側が応援したボクサーが負けてしまったことがあった。ところが、その判定に不服を持った兄貴の若い衆が、相手の興行師か誰かを日本刀で傷つけてしまったんだ。そのときのボクシング興行は映画館で行われたもので、たまたま上映中の映画が『モロッコ』だった。この事件が大っぴらになって、兄貴は〝モロッコの辰〟といわれるようになったわけだな」

十六歳でモロッコと結婚、二十三歳で別れた元モロッコ夫人のおふじさんにいわせると、もっと違った説になってくる。

「私は辰ちゃんから直接聞いたことがあったよ。辰ちゃんは兄夫婦と一緒に子どものころからずっと鶴見（つるみ）の潮田（うしおだ）というところに住んでいたんだけど、その街が映画に出てくるモロッコの街に似てたんだってさ。ゴチャゴチャしていて。そこから〝潮田の辰〟ならぬ〝モロッコの辰〟っていわれるようになったっていうんだけどね」

いずれにせよ、元舎弟説もおふじさん説も、『モロッコ』というアメリカ映画がベースになっていることだけは確かである。

また、別の関係者によれば、

「とにかく洋画が好きだったよ。『モロッコ』に限らず、洋画はよく観てた。あのヒゲもね、クラーク・ゲーブルのヒゲを真似たものなんだ。それにジョン・ウェインが好きでね。ああいうカウボーイハットのようなものをかぶるようになったのも、ジョン・ウェインの影響じゃなかったかな。なかでも一番好きだったのはジェームズ・ギャグニィ。ギャグニィにはだいぶいれこんでいたよ」

昔の不良少年と映画との関係は切っても切り離せず、なかには映画好きが高じてそのまま映画俳優になってしまう者もいたほど。となると、〝モロッコの辰〟の場合も、アメリカ映画『モロッコ』に憧れ、終生モロッコへの夢を語り続けたからその異名をとったとする説が、一番合っているような気がする。

何にせよ、これほど粋でセンスがあり、浪漫(ろまん)の感じられるヤクザ・愚連隊の異名、通り名というものを私はほかに知らない。〝モロッコの辰〟に対する私の当初の興味も、まずその異名に魅(ひ)かれてのことだった。

土壇場で肚を据えてこそ男

〝モロッコの辰〟は、横浜が生んだ戦後愚連隊史上最大のスーパースターといっていい。一六〇センチにも満たない小さな体で、天下無敵の強さを誇り、〝愚連隊〟という言葉はこの男のためにあった、といわれるほど愚連隊気質に満ちていた。組織や束縛や堅苦しいことの一切を嫌い、完全なる自由人であり続けた。一方で、酒は一滴も飲まず、普段はもの静かでニヒルな男だった。

前出の元舎弟によれば、

「兄貴はものすごいおシャレだったね。着るものは向こうの洋服ばかり。進駐軍が入ってきたばかりの時期だったから、手に入ったんだ。なりを崩したら遊んでいる人間はメシを食えない、というのが兄貴の持論でね。懐に一銭もなくても格好だけはちゃんとしていろ、という方針だったから、モロッコの若い衆はみんなおシャレだった」

昔もいまもファッショナブルなのは不良の不良たる特性だが、モロッコのおシャレぶりも際だっていた。

自ら洋服にアイロンをかけ、出かけるときにはポマードで髪をオールバックに固め、服にあわせてネクタイを選んだ。当時流行のラバーソールの靴を履き、東京ハットと呼ばれるソフトをかぶった。

「不良は身だしなみが生命だ」

というモロッコにならって、モロッコの舎弟たちも皆ソフトをかぶり、それはいつしか〝モロッコハット〟ともいわれるようになった。

モロッコのダンディズムはファッションばかりではなかった。

前述のように、つねづね舎弟たちに、「土壇場で肚を据えてこそ男」と説いたことでもわかるように、独特の愚連隊魂を持っており、死ぬまでそうした美学を貫いた男だった。

「死ぬまで、事業をやるとか、そんな生産的なことには何一つ手を染めなかった。根っからの愚連隊。恐喝一本だ。相手が博徒の大親分であろうと誰だろうと関係ない。《モロッコの辰》という名刺一枚で自在にカネをムシリとっちゃう。

ただし、カタギや弱い者いじめは一切しない。舎弟たちが大手を振って道の真ん中を歩いていたりすると、怒るんだ。バカヤロー、不良は道の隅っこ、日陰を歩け、って」

とは、かつての横浜愚連隊OBの弁だ。

モロッコはカネがなくなると、自筆の名刺を舎弟に持たせて、カネのありそうな親分のもとへ使いを出した。

名刺には「金〇〇円拝借仕り候」と書いてあって、あとは「モロッコの辰」というハンコ代わりの自筆のサインしかなかった。ところが、この名刺を受けとって、指定通りの金額を出さない親分はいなかったといわれる。

それほど〝モロッコの辰〟の名は厄ネタ（厄の種から来た言葉で、危ない人間、恐ろしい男、トラブルメーカーといった意味あいを持つ）として斯界に通っており、親分衆をも恐れさせたわけである。

鮮やかな行跡残し三十四歳で死去

〝モロッコの辰〟――出口辰夫は、大正十二年、宮崎県西諸県郡飯野町（現えびの市）で、五人兄弟の四男として生まれた。実家は代々農家で、父は有助、母はナルといった。

モロッコは加久藤尋常小学校高等科二年（いまの中学）を卒業すると、すぐ上の兄・貞男とともに、横浜市鶴見区潮田にいる次兄の貞光夫妻のもとに預けられた。モロッコが十五歳のときだった。

モロッコはこの兄夫妻宅から夜学の工業高校へ通うことになるのだが、そのうちに学校よりも夢中になるものができた。遊び仲間と、ボクシングである。ボクシングは当時の不良少年の必修科目のようなものだった。

　間もなくしてモロッコは、川崎の「薄田拳闘倶楽部」というボクシングジムに通って、本格的にボクシングに打ちこむようになっていた。

　モロッコの義姉にあたるキミさんが、当時のことをこう振り返ってくれたものだ。

「夜学へ行ってるもんと思って、教科書も全部買ってあげたのに、どっかほっつき歩いてるんです。結局、学校へ行かせたことが裏目に出たんですね。私はあの子と言葉を交わしたのも覚えてないんですよ。もうほとんど家にいなかったですから。そしてボクシングを始めて、自分が強いっていう自信があるものだから、あるとき、一人で十人ぐらいを相手に喧嘩したらしいんです。そしたら、みんなやっつけちゃったもんだから、ますますそっちのほうに行くようになっちゃったんですね」

「そっちのほう」というのは、いうまでもなく、愚連隊の世界——〝モロッコの辰〟の世界である。

　十人やっつけたというのはオーバーにしても、ともあれ鮮烈なデビュー戦を飾ったわけである。このときからモロッコは目ざめていったに違いない。ここから〝モロッコの辰〟までは一直線である。

モロッコは愚連隊の世界であっという間に売りだしていく。やがて戦後になると、林喜一郎、井上喜人、吉水金吾とともに横浜愚連隊四天王として君臨、京浜間にその名を轟かすようになるのだった。

戦後間もない時分、横浜中の愚連隊と博徒とがぶつかりそうになった事件があった。もはや喧嘩は避けられないというので、愚連隊は博徒側に果たし状を送り、保土ケ谷の遊園地に約二百人が集結し、博徒を待ち受けることになった。

この場にいあわせた横浜愚連隊OBが、こう振り返る。

「私なんかチンピラでね、竹槍持たされてた。兄ィ連中にしたって刀持ってるくらいで、拳銃なんて一番上の連中でも持ってるのがいるかいないかって時代だった。そのとき、モロッコがさっそうと現れたのを見て、みんな度肝を抜かれたよ。モロッコハットに革ジャン、二丁拳銃なんだよ。まるで西部劇からそのまま抜け出てきたようなスタイルなんだ。『モロッコの辰』という幟を立てて。みんなから、『オーッ！』ってどよめきがあがったもんだ」

この〝モロッコの辰〟、林喜一郎、井上喜人、吉水金吾の横浜愚連隊四天王は、後年そろって現在の稲川会・稲川聖城総裁の若い衆となり、稲川会の基盤固めに大きく貢献していく（井上、吉水は途中で事業家に転身、林は最高幹部として昭和六十年十一月に病没、初の稲川会葬に付された）。

「博徒も何も関係ない。オレは生涯親分なんか持たない」

と豪語し、その通りの生きかたをしていた連中を、すっかり心酔させてしまったところにこそ、稲川聖城という大親分の大きさと凄みがあったのであろう。

モロッコが世を去ったのは、昭和三十年一月三十日のことで、享年三十四であった。これより三年前、モロッコは筆頭舎弟の佐々木鳴夫を肺結核とヒロポン禍によって失っていた。佐々木はまだ、二十七歳という若さであった。肺結核、そしてクスリ禍というのは、モロッコ自身の疾病でもあった。

佐々木の葬儀のとき、モロッコは舎弟のために男泣きしてクスリをやめることを誓ったのだが、ヘロインの魔力から死ぬまで逃れることはできなかった。長男をわずか四歳で肺結核のために失ったことも、クスリの傾斜に拍車をかけたのは間違いない。

第四話　三十一歳で非業の死　北海道の〝雁木のバラ〟

荏原哲夫

（会津家小高実子分）

〝枯木のバラ〟に転化する異名

今日もネオン街で夜な夜な歌われるカラオケの、とくにその筋の男たちのスタンダードナンバーともいえる曲の一つに、『484のブルース』という歌がある。

その一番の歌詞はこうである。

義理や人情にあこがれた
十九　はたちが花だった
ここはその名も雁来町(かりきちょう)
いきつく所は承知のうえで
ままよこの道おれは行く

484というのは、札幌市東苗穂(ひがしなえぼ)四八四番地の「札幌刑務所」を意味し、目と鼻の先にある町が雁木町であった。

実は、この歌のモデルとも目される北海道伝説のヤクザが存在する。その名も〝雁木のバラ〟の異名で呼ばれた男だった。

男の生まれ育ったのが雁来町で、本名を荏原哲夫といったことから、〝雁木のバラ〟の異名はついたのだが、それは〝枯木のバラ〟にも通じ、その凶々しい響きが男にはなんとも似あっていた。荏原には、「ヤクザという不毛の地――枯木に狂い咲いた狂熱のバラ一輪」という趣きがあった。

〝雁木のバラ〟が、戦後の北海道ヤクザ界を彗星のように駆け抜け、三十一歳という男盛りのうちに、手に手に日本刀、仕込杖（しこみづえ）、硫酸、拳銃を持った対立組織の刺客たちに襲撃され生命を散らしたのは、昭和三十一年二月十八日のことだった。白昼の札幌・ススキノでの出来事だった。

翌二月十九日付の北海道新聞が、その死をこう伝えている。

《十六日午後、札幌市薄野（すすきの）付近で発生した不良乱闘事件の際、腹部貫通銃創を受け同市保全病院に収容されていた市内雁木町二、無職〝雁木のバラ〟こと荏原哲夫さん（31）は事件後こん睡状態を続けていたが、十八日午後八時四十五分に死亡した》

かくて〝雁木のバラ伝説〟は生まれるわけである。

その死を遡る七年前、昭和二十四年四月、雁木のバラは札幌で売りだし中のテキヤの兄ィを刺殺し、懲役五年の刑を受けている。

まだ終戦間もない時分の北海道は、一種の戦国時代で、土地ごとに名の売れた愚連隊が群雄割拠していた。札幌ではそのころ、愚連隊やヤクザの殺しあいも立て続けに起こっていた。強い者を叩くことが売りだす早道であったから、愚連隊でもヤクザでも力のある者がいつも狙われる運命にあった。

このテキヤの兄ィ殺しを機に、札幌の一匹狼〝雁木のバラ〟は北海道ヤクザ界にその名を馳せていく。

この刑を終えたバラの出所を出迎えたのは、妻と舎弟の〝ジャッキー〟こと長岡宗一、それに浄土真宗本願寺派の高僧で、札幌真照寺の住職である松本昇典だった。住職は札幌刑務所で教誨師もつとめていた。〝サムライ坊主〟の異名があり、柔道五段の豪快な人物で、受刑者たちからの人気は高かった。

住職の前に出ると、荏原はそれが生来のものなのだろう、何より礼儀正しい男となった。住職から「膝を楽にして」といわれるまで、決して正座を崩そうともしなかった。

それでいて、住職が顔を見るたび、「ヤクザの足を洗え」と更正を促すと、

「いやあ、先生、私はもう頭のてっぺんから足の爪先までどっぷりこの世界に浸って

しまった人間ですよ」

と、照れたような笑いを浮かべるのがつねだった。その実、住職は愚連隊の顔に隠されたバラの心根のやさしさを知っていた。子ども好きのバラが、寺に遊びに来る子どもたちから好かれ、慕われている様子は、見ていて大層微笑ましく感じられたものだ。

日ごとに募る他組織との軋轢

そんなバラが、北海道きっての大親分と謳われた会津家の小高龍湖の実子分となるのは、それから間もなくのことである。

松本住職はじめ、道内の錚々たる親分衆の取り持ちがあったためだった。

道内の親分衆にすれば、厄ネタといわれるバラをいつまでも愚連隊として放置しておくことは、厄介このうえなかった。いつ自分たちに牙をむいてくるかわからなかったからだ。

それならいっそ北海道のドンである小高龍湖のもとへ預け、しっかり監督してもらえば、いくらバラであってもそう悪さはできないだろう――という各親分衆の思惑が一致した結果だった。

しかも、ただの若い衆ではなく、実子分——それも多分に小高の跡目という意味あいを含んだ実子分として迎え入れられたのである。破格の待遇といってよかった。

だが、名門テキヤの看板を背負っても、バラの生きかたがそう簡単に変わるはずがなかった。そのスタイルは、依然として愚連隊の流儀そのままだった。

バラはそのころ、強引とも思えるやりかたで、札幌市内のパチンコ店の景品買いの利権を次々に手中に収めていた。それが可能だったのは、〝雁木のバラ〟の名と力を、皆が恐れたからだが、そうした力にモノをいわせたやりかたがいつまでも通用するわけがなく、他組織の者と正面からぶつかるのは時間の問題といえた。

最期をとげた事件の数日前、バラは〝サムライ坊主〟こと真照寺の松本住職を訪ね、酒を酌みかわしている。そのあと、夕方になり、ひと風呂浴びようと寺の近くの銭湯へ一緒に赴いたときのことだ。

バラが脱衣かごに背広を脱いで無造作に放ると、ドサッという大きな音が誰もいない脱衣場に響いた。いつも懐に持ち歩いている拳銃の音だった。

すぐに拳銃と察した住職が、

「なんだ、おまえ、そんなもん持って歩いたら、畳の上じゃ死ねないぞ」

とバラに声をかけ、諫めた。

「いやあ、先生、どうせオレは畳の上なんかで死ねるとは思ってませんよ」

自嘲気味の笑みを浮かべながら、バラは答えたという。

バラが拳銃を試射する場所は、国鉄函館本線の苗穂駅近くの踏切付近であった。長い貨物列車がガタゴト音を立てて走りすぎていくとき、その音にあわせて空き缶などの的を狙い撃つのだった。

捨て身のバラに、怖いものなど何一つなかったといっていい。その性根はすさまじかった。

ある日、バラがススキノの街を歩いていたときのことだ。何かの拍子で背広の内ポケットに入れていた拳銃が暴発してしまったことがあった。

「パーン！」という花火のような音に、道行く人はまわりをキョロキョロ見ていたが、バラは何食わぬ顔だった。そのままタクシーで雁来町の自宅へと戻り、

「おい、ヨードチンキと脱脂綿を用意してくれ」

と舎弟に命じてズボンを脱ぐと、弾丸が太股の内側を斜めに貫通した跡があった。

バラは少しも騒がず、針金の先にヨードチンキを塗った脱脂綿をつけると、それを傷跡に通す荒療治を一人でやってのけた。驚き、蒼(あお)ざめる舎弟を尻目に、バラは口笛を吹きながらその作業を続けていたという。

併せ持った豪胆さと繊細さ

一方で、バラはそんな豪胆さと同時に、繊細な感性をも併せ持っていた。当時の不良少年や愚連隊には決して珍しいことではなかったが、バラはギターを愛し、自らよく爪弾いて歌っていたという。

バラの十八番は、大好きだったという岡晴夫の『男のエレジー』で、聞かされた舎弟が思わず唸(うな)ってしまうほど、歌もギターもうまかったようだ。

街の灯影に　背中を向けて
一人ふかした　煙草のにがさ
渡る世間を　せばめてすねて
生きる男の　身のつらさ

こんなやくざに　誰がした

当時のバラの心情に、ピッタリとフィットする歌であったのだろう。

ともあれ、昭和三十一年に入ると、札幌制覇の野望に燃えて強引に事を押し進めようとするバラと、他組織との間の軋轢（あつれき）はいよいよのっぴきならないものになっていた。

二月十六日、バラはいつもと変わらぬ朝を、雁来町の自宅で迎えた。

〝雁木のバラ〟と恐れられた男も、家庭人としてはよき夫であり、二人の子のよき父親であった。

のちにバラ殺しの裁判が行われたとき、出廷した妻が、

「荏原は人に嫌われたかも知れませんけど、家に帰ってきたらとてもいい夫でしたし、父親としても文句なしでした」

と証言、被告のヒットマンの涙を誘ったものだ。

この日、バラが舎弟とともに自宅を出たのは、午後二時をまわったころだった。この晩、松本住職と会う約束があり、それまでススキノをぶらついて時間を潰すことにしたのだ。

だが、二人がススキノの南四条西二丁目のビリヤード店に入って間もなくしたころには、店は敵の襲撃部隊によってすっかり包囲されていたのである。

バラと舎弟が店から出たとき、この襲撃部隊はすばやく行動に打って出た。まず先発部隊の襲撃者によって硫酸を浴び、日本刀で左手を斬られた舎弟が、たまらずその場に倒れた。

バラはひとまずその場から逃れようと、店から一丁離れた南五条西一丁目の「ジャンジャン横丁」のほうへと走った。

ヒットマンもすぐさまそのあとを追った。バラが「ジャンジャン横丁」入口の酒場前にさしかかったとき、ヒットマンのS&W45口径の銃口が火を噴いた。

「パーン!」「パーン!」という二発の銃声が、雪のちらつくススキノの空に、立て続けにこだました。

一発はヒットマンの撃った銃声、もう一発はバラが放ったものだった。

次の瞬間、バラの体がまるで海老がはねるようにピョーンと飛びあがり、雪の上にドサッと倒れた。ヒットマンの放った銃弾は、間違いなくバラの腹を貫通したのだった。

が、続いてヒットマンも、「ううっ」とうめいてその場に崩折れそうになった。バラの撃ったコルト22口径の銃弾も、ヒットマンの右足を貫通していたのだ。

「とどめだ！　とどめをさせ！」

後方襲撃部隊から声があがり、日本刀を持った別の刺客二人が、バラに一歩一歩近づいていった。

このときの刺客の一人が、当時のことをこう振り返ってくれたものだ。

瀕死の体で不敵な笑みを……

「〝雁木のバラ〟という人は、最後の最後までたいした根性者だったですよ。たしかに私らの撃った銃弾が当たって、ピョーンと海老のように飛び跳ねて倒れたんです。『これなら熊でも一撃だ』って、あとで検事からいわれたS＆W45口径の拳銃でですよ。そこで私ともう一人とで、とどめを刺そうと日本刀を持ってヤツに近づいたんですが、バラは倒れながらも上半身を起こしたましっかりとコルトの銃口を私らに向けてるんです」

バラに近づいた二人の刺客は、肝を潰してしまった。致命傷ともいえる銃弾が貫通したのに、苦痛に呻吟するどころか、バラは不敵に笑みさえ浮かべていたからだ。

〈これが〝カレキのバラ〟なんだ！　そうだ、そもそもオレがヤクザになったのもこの人に憧れてのことだった……この男は最後の最後まで〝カレキのバラ〟だった！〉

刺客は、このとき改めて、〝雁木のバラ〟と道内のヤクザ・愚連隊から畏怖されている理由が心底理解できたという。

別の道内関係者がこういう。

「たしかに〝雁木のバラ〟は意識も薄れて、引き金を引く気力もなかったというのが本当のところでしょう。けど、いまも伝説として流布されているのは、このときバラが、近づいてきたヒットマンたちにあえて拳銃を撃たなかったのは、通行人に流れ弾が当たっちゃまずいと考えてのことだったというんです。それが証拠に、銃口はヒットマンにというより、空に向いていたというんです」

どんなに無茶苦茶なようでいても、昔の不良は筋が一本通っていた、ということであろう。

〝雁木のバラ〟の死は、「強いヤツは殺される」という不良界のジンクスそのままの死であったのかも知れない。

第五話　前代未聞の「逆破門状」を突きつけた反逆児〝ジャッキー〟

長岡宗一

（元山口組系柳川組北海道支部長）

真正面から戦って死にたい

北海道伝説のヤクザ、〝雁木のバラ〟が不慮の死をとげたあと、北海道ヤクザ界に一大旋風を巻き起こした男がいた。バラの舎弟であり、〝ジャッキー〟の異名をとった長岡宗一である。

何より〝ジャッキー〟は、〝北海道にその人あり〟といわれたドン・小高龍湖に逆破門状を突きつけ、北海道に初めて山口組（柳川組北海道支部）の代紋を掲げた男として、ヤクザ史にその名が刻まれよう。

〝ジャッキー〟は、大正十四年、岩見沢市に生まれた。地元の尋常高等小学校高等科を卒業後、札幌の商業学校へ入学、在学中の昭和十八年、憲兵隊の軍属を志願、北部憲兵隊司令部司令官・増岡賢七陸軍少将の筆生に任命されている。

翌十九年には、陸軍特別幹部候補生に志願して合格。同年八月、その二期生として静岡県浜松市の中部一三〇部隊に入隊するも、一年後の日本の敗戦によって故郷の岩見沢への復員を余儀なくされた。

〝ジャッキー〟が〝雁木のバラ〟の舎弟となったのは、復員して間もなくのことだった。

その日、ススキノには名うての不良、愚連隊が七、八人集まっていた。彼らの目の前には新しくできたばかりのマンモス交番があった。その交番を襲い、日頃から愚連隊を目の敵にしていじめる巨漢の巡査部長をやっつけようという話が、彼らの間ではできあがっていたのだった。

実行するのは新人の役目で、いわば新人に対する肝だめしの意味があったのだが、誰もが尻ごみするなか、

「オレがやる」

と真っ先に手を挙げたのが〝ジャッキー〟だった。

〝ジャッキー〟はまっしぐらに交番に突進し、入口のドアを開けようとした寸前、先輩の一人に後ろから羽がい締めにされて止められる。

「わかった。今日からおまえはバラやんの舎弟だ」

この度胸だめしに合格したジャッキーは、晴れてこの日から〝雁木のバラ〟の舎弟となったのである。このときジャッキーは、バラより一つ年下の二十歳だった。

長岡が〝ジャッキー〟の異名で呼ばれるようになったのは、このあと、真駒内の米軍基地のＥＭ（下士官）クラブに勤めだしてからのことである。

その時分、長岡がガムシャラに打ちこんでいたのが、生涯関わることになるボクシングであった。ＥＭクラブにはボクシングリングのある体育館もあって、格好の練習場になったのだ。進駐軍将校たちはそんな長岡をかわいがった。

昭和二十二年二月、長岡が札幌で開催された「北海道選抜選手権大会」に出場し、相手をノックアウトしたとき、ラジオ中継を聞いて声援を送っていた勤務先の米軍将校が、

「オー、ヤツはジャッキーだ！」

と叫んだ。それが異名のゆえんであった。

アメリカで強い男の愛称としてよく使われていたのが、〝ジャック〟という名だった。小柄な長岡には、もっと愛敬のある名がいいだろうと、将校は〝ジャッキー〟という愛称をおくったのである。

昭和三十一年、〝雁木のバラ〟の死によって、その筆頭舎弟であるジャッキーは、会津家小高龍湖の実子分となった。

そのころ、〝ジャッキー〟は奇抜な刺青（いれずみ）を背中一面に彫っている。浮世絵の図柄で、男女が交合している三態の図柄だった。さらにそれらを二匹の雌雄の龍がとり巻くと

いう代物である。こんな前代未聞の刺青を背負った理由を、〝ジャッキー〟はこう述べている。

「魔除けといえば魔除けですが、それだけではないんですよ。私の兄貴分である荏原（雁木のバラ）が、ああいう最期をとげましたね。私は間違っても、後ろから撃たれて殺されるようなことにはなりたくないんです。正面から敵と戦い、一太刀でも相手に打ちこんで死ぬのが本望だからですよ」

いわば、その刺青には死んだ兄貴分・〝雁木のバラ〟に対する供養の意味も込められていたのであろう。

〝親分〟との間に生じた亀裂

〝ジャッキー〟は、〝雁木のバラ〟が死んだ翌年には北海道きっての大親分といわれた小高龍湖の一家名のりを許され、札幌で着実に地歩を固めていった。〝ジャッキー〟の胸にあったのは、志半ばで無念の銃弾に斃れた兄貴分のバラの果たせなかった夢を実現する——との一念だった。

その望み通り、勢力拡大ぶりはめざましかった。若い衆も増え続け、昭和三十六年になると四百人近い大所帯となっていた。もはや〝ジャッキー〟は飛ぶ鳥を落とす勢いであった。向かうところ敵なしである。

仮にどこかの組織と揉めごとが起きても、〝ジャッキー〟一門の動きはすばやかった。五人編成の特攻部隊を十組つくって、相手トップの家を取り囲むのだ。いわば兵糧攻めで、長期戦となれば大概の相手は戦わずして音をあげた。そのうえで話しあいはすべて〝ジャッキー〟側のペースで進み、手仕舞いとなったことはいうまでもない。

だが、当然ながら、そんな日の出の勢いにあった〝ジャッキー〟に対して、それを妬み、やっかむ者も出てきた。親分の小高龍湖に、余計なことを吹きこんだり、讒言したりする輩がいたのも確かである。

それは次第に小高と〝ジャッキー〟との間に亀裂を生じさせ、心を離れさせる一因となり、やがて修復不可能なほど大きなものになっていく。

〈もう、これ以上は、ついていけない――〉

ある日、〝ジャッキー〟は決意するのだが、一方で、

〈仮にも自分の親じゃないか。なんとか辛抱しよう〉

と思い直し、自分なりに努力しようとした。だが、限界だった。小高との間にでき

た溝はどうにも埋めようがなかった。

〈もはや去るしかない〉

〝ジャッキー〟は決心した。が、それがこの社会で何を意味するか、彼にはわかりすぎるほどわかっていた。

〝ジャッキー〟は幹部全員に非常召集をかけ、緊急幹部会を開いた。何事かと緊張の面持ちで会合に臨む幹部たちを前に、〝ジャッキー〟が、

「オレはもう小高のもとを出る決心がついた」

と切りだしたから、幹部たちは誰もが息を呑んだ。

「オレについてきたい者はついてくればいいし、残りたい者は残ってくれ」

と〝ジャッキー〟が続けると、幹部たちは、

「何をいうんだ、親父さん。オレたちの気持ちはみんな親父さんと同じだ」

「オレたちも一緒に出ます」

と口々にいった。

ここに及んで〝ジャッキー〟は、はっきりと決断し、

《……私こと、長岡宗一は、会津家小高龍湖の一家を名のって稼業に励んで参りまし

たが、このたび、忍びがたい事情により一門から身を引く仕儀と相なりました……》と独立を宣言、いわゆる〝逆破門状〟を全国の関係者に送付するに至った。これによって〝ジャッキー〟は、反逆者として北海道中のヤクザ者を敵にまわしたも同然の身となったのである。

初対面の日に結んだ兄弟盃

〝ジャッキー〟の逆破門に対して、小高龍湖及び会津家宗家筋が間髪をおかず、業界に長岡の破門状を送付したのは当然のことだった。

それは、二人を知る者にとっては理解しがたいことであったかも知れない。小高といえば、北海道神農界の第一人者として竹を割ったような気性で知られる大物親分。一方の〝ジャッキー〟にしても、万事一途（いちず）で曲がったことが嫌い、肚に一物を含むような芸当のできる男ではなかったからだった。

ともに生涯ボクシングに深く関わるところなど、似た者同士でもあったから、

「オレと小高の親父は似すぎていたのかも知れん。だから、うまくいかなかったのかも知れんなあ。反対の性格ならよかったんだ」

と、〝ジャッキー〟も後年、しみじみ述懐することになる。

独立宣言をし、愚連隊に戻った〝ジャッキー〟は、ともについてきた直系、枝を含むおよそ四百人近い身内をまとめて、新たに「長友会」を結成した。そのうえで取りくんだのが、北海道愚連隊の再編であった。

当時、道内には長友会の他に、〝ジャッキー〟同様、北海道ヤクザ界に背を向けて愚連隊の一派を率いる二つの大きな勢力があった。一つは長沼町に勢力を張る〝北海道のライオン〟こと石間春夫の一統であり、もう一つが砂川市のT一派である。

間もなく、この〝ジャッキー〟、石間春夫、Tの三人は五分兄弟盃を交わし、「北海道同志会」を結成する。

その後、〝ジャッキー〟は、北陸・山代温泉にストリップ劇場を経営する舎弟に引きあわされて、一人の男と知りあった。

その男こそ、三代目山口組にあって〝殺しの軍団〟と恐れられ、山口組全国進攻の先兵となって破竹の勢いで勢力を伸ばしていた柳川組の最高幹部・谷川康太郎であった。

そのとき谷川は、日本プロレスの札幌興行で来道した力道山の用心棒として札幌を訪れていたのだった。

〝ジャッキー〟と谷川は会って話をするうちにたちまち意気投合、なんと初対面のその日のうちに五分兄弟盃を交わしているのだ。

そしてその縁を通じて、〝ジャッキー〟、石間春夫、Tの三人は、三代目山口組系柳川組柳川次郎組長の舎弟となって、北海道同志会はそのまま三代目山口組系柳川組北海道支部となったのである。

かくて昭和三十七年暮れ、北海道に初めて山口組の代紋が掲げられたのだった。

だが、〝ジャッキー〟はその後、紆余曲折(うよきょくせつ)を経て、昭和四十年十一月にヤクザ渡世(とせい)を引退する。

四十歳という男盛りを迎えて脂も乗りきり、ヤクザ人生の絶頂期にあった〝ジャッキー〟が、なぜ突然引退を決意したのか。

「隠退披露」と化した放免祝い

一つには、〝ジャッキー〟の服役中に、谷川康太郎が無断で自分より格下の北海道のSと五分兄弟盃を交わしてしまったことが大きかったといわれる。

〈なぜだ!?　兄弟、何でオレより貫目の下の者と縁を結ぶんだ?〉

と、〝ジャッキー〟は獄中で歯がみする思いをしたという。さらに〝ジャッキー〟にとって決定的だったのは、昭和三十九年七月、初代柳川組柳川次郎組長の引退に伴って、谷川が二代目柳川組を襲名、同時に盃直しが行われた際のことだった。

初代柳川次郎の舎弟や若い衆たちはそのまま谷川の舎弟、若い衆となり、谷川の兄弟分もそろって舎弟に直ったことはいうまでもない。それが関西の博徒社会の常識だった。

二代目襲名披露前、全国に送付された回状にも、きっちりとそのことが記された。二代目谷川の友人代表地方欄のトップに、北海道のS以下、二十五人の兄弟分の名が載り、〝ジャッキー〟の名は石間春夫、Tとともに舎弟五十人中の最後だった。

〈オレが谷川の舎弟で、オレより格下のSが谷川の兄弟分だと!?〉

再び〝ジャッキー〟は腸が煮えくりかえる思いがしたのだ。誇り高い〝ジャッキー〟にはその屈辱が我慢ならなかった。もとよりこのことが引退の原因ではなく、ほかにも理由はあったのだが、大きな弾みになったのは確かだったようだ。

〝ジャッキー〟の引退は、懲役二年六カ月の刑を終え釧路（くしろ）刑務所を出所した三日後、定山渓温泉で行われた放免祝いの席上、発表されたことであった。

その放免祝いは、二代目柳川組谷川康太郎組長が〝ジャッキー〟と並んで上座の中央にすわり、兄弟分たちがその両脇に並び、柳川組一統の若い衆約二百人が大広間を埋める盛大なものとなった。

祝宴が半ばまで進んでいったとき、突如、《隠退披露》と書かれた和紙が会場正面に貼りだされた。〝ジャッキー〟が前日のうちに書いて用意してきたものだった。

なおかつ〝ジャッキー〟は、三方を用意させると、背広の襟から山菱のバッジを取りはずし、そのうえに恭しく置いた。それを谷川に差しだし頭を下げたものだから、会場は水を打ったように静まり返った。唖然とする一同に、〝ジャッキー〟は、

「私はちょっと考えるところがあって、このたびヤクザ社会から一歩身を引く決心をしました。みんなはいままで以上に、一つにまとまってやっていってほしい……」

と引退を表明したのだった。

四十歳できっぱりとヤクザ渡世から身を引いた〝ジャッキー〟は、かねて念願だったボクシングジム経営に乗りだした。

ボクシングを通した青少年の育成という趣旨に、地元の各界有力者の賛同も得て、

彼らのバックアップのもと、ジムは着々と地歩を固めて有望新人を多数育てあげた。

この一代の風雲児・〝ジャッキー〟が肝臓癌（かんぞうがん）のため逝去したのは、引退から二十九年後の平成六年十月八日のことで、享年六十九であった。

第六話　北海道ヤクザの歴史を変えた〝北海のライオン〟

石間春夫

（五代目山口組初代誠友会総長）

幾度も死地を乗り越えて……

〝北海のライオン〟こと五代目山口組初代誠友会総長の石間春夫は、〝北海道ヤクザ史を変えた男〟としてよく知られている。

石間春夫が獄中で四代目山口組入りを決めたのは、いわゆる〝山一抗争〟が勃発して間もない時期のことだった。舎弟待遇として正式に山口組に迎えられたのは、昭和六十年四月のことで、同月五日の山口組定例会において発表された。

この石間春夫率いる初代誠友会の山口組入りに伴って、北海道ヤクザ界は大きく変貌をとげていく。地元独立組織が雪崩を打ったように内地広域組織の傘下となったり、あるいは地元組織の幹部クラスが広域組織に鞍替え(くらがえ)したりするケースも目についた。

たちまちのうちに、かつての〝テキヤ王国〟の姿は見る影もなくなってしまう。道内のパワー・オブ・バランスが崩れた結果だった。

かくして道内独立組織はほぼ山口組、稲川会、住吉会などに代表される広域組織の代紋に替わり、北海道ヤクザ地図は完全に塗りかえられてしまった。

まだ獄中にあった石間春夫の山口組入り――北海道初の山口組直参組長の誕生は、北海道ヤクザ界にそれだけ大きな衝撃を与え、かつ大きな地殻変動の引き金を引くことになったのである。
石間が〝北海道ヤクザ史を変えた男〟といわれるゆえんであった。
石間春夫は昭和五年三月、北海道夕張郡長沼町の農家に九人兄妹の六男として生まれている。昭和十八年、十三歳のとき、予科練の特別少年兵を志願、一次の学科試験は通ったものの、二次試験であるパイロットのための適性検査で、視力に難点が認められ不合格となった。

翌十九年一月、久里浜の海軍対潜学校に入校し、半年間で水測、陸戦、砲術などを叩きこまれたという。卒業後の配属先は、いまの青森県むつ市の大湊警備所属の海防艦一三七号だった。

初出陣は、北千島（きたちしま）北端の占守島（しゅむしゅとう）へ行く船団の護衛であったが、最初から手ひどい洗礼を受ける。日高（ひだか）沖で米潜水艦の魚雷を二、三発食らい、海防艦は真っ二つに裂けて轟沈（ごうちん）。石間は重油の海に飛びこんで必死に泳いだ。

数時間後に味方の駆逐艦に救出されるのだが、多くの戦死者が出るなかで、石間は九死に一生を得た一人だった。十代の身で参加したこのときの戦争で、そんな命びろいを一度ならず二度、三度と経験したことが、のちの石間の人生に色濃く影響を及ぼしているのは確かであろう。

そんな戦争体験を経て、十五の年にボルネオ近くのセルネス島で終戦を迎え、北海道へ復員してきたのは昭和二十三年、十八歳のときである。

二十二歳のときに建設業「石間組」を旗揚げし、大きな組の下請けとして、二百人から三百人の荒くれ男たちを使う身となる。北海道や東北の季節労務者が中心で、彼らのなかには千島や樺太（からふと）のタコ部屋を流れ歩いた猛者も多かったという。

石間組は、ほとんどヤクザと変わらぬ組織形態をなして、石間は故郷の長沼町に確固とした地盤を築いていく。親分や兄貴分を一切持たず、一本どっこでいた時代が長かった。

そんな石間に転機が訪れるのは、昭和三十六年、三十一歳のときである。

ワシらは〝筋〟に拠って生きる

北海道の大親分である会津家小高龍湖に〝逆破門状〟を出した〝ジャッキー〟こと長岡宗一、砂川市に勢力を張るTの二人と、石間は五分兄弟分の盃を交わしたのだ。北海道ヤクザ界とは一線を画して独自の道を歩んでいた石間の石間組、〝ジャッキー〟

の長友会、T率いるT組の三団体が手を結び、「北海道同志会」を結成したのである。

このとき、石間は〝ジャッキー〟こと長岡とは面識はなかったのだが、二人のパイプ役をつとめたのが、当時の〝ジャッキー〟の実子分・田村武志（のちの五代目山口組二代目誠友会会長）であった。田村は以前から石間とは心安い仲だったのだ。

さらに翌三十七年には、石間は〝ジャッキー〟、Tともに三代目山口組系柳川組組長柳川次郎の舎弟の盃をもらい、三人でつくった北海道同志会はそのまま、三代目山口組系柳川組北海道支部となったのである。

だが、その後、いろんな事情から〝ジャッキー〟が隠退を決め、それから四年後の昭和四十四年には、二十都道府県に千五百人を超える勢力を擁した柳川組も解散する。旧柳川組勢力の大部分が山口組残留の道をとるなか、独自の道を歩むことになったのが、旧柳川組北海道支部だった。柳川組の解散に伴って山口組を離れ、独立組織となる道を選んだのである。

支部長の石間春夫が服役中であり、その留守を預かるTが、どちらかというと山口組より地元業界のほうに顔が向いていたことも大きく作用した。

長老の会津家小高龍湖がとりまとめて、旧柳川組北海道支部は昭和四十五年、「北海道誠友会」の名称で生まれ変わったのだった。会長にはTが就任し、副会長には田村武志が就き、服役中の石間春夫は相談役に落ち着いた。

ところが、これら一連の動きは、石間は獄中にあってまったく預かり知らぬことだった。あとでいきさつを知った石間には、到底、承諾できかねることだった。

同年六月、宮城刑務所を出所した石間は、ただちに北海道誠友会を脱退し、代わって旗揚げしたのが「北誠会」であった。当然ながら石間は孤立し、北海道の業界全体と対決姿勢を強めることになった。

が、それからしばらくして状況が大きく変わっていく。北海道誠友会のTが何かと失態を繰り返し、若い衆からの信頼をすっかり失っていくのだ。間もなくすると失脚し、トップに立ったのがナンバー2の田村武志であった。

となると、この少し前から出始めていた北誠会と北海道誠友会との合併の話が、にわかに現実味を帯びてくる。もともとが石間と田村とは互いに惚れて兄・舎弟の縁を結んだ間柄であり、気脈の通じた仲である。北海道誠友会と北誠会との一本化——それは当事者ばかりか、北海道の業界にとっても願ってもないことだっただろう。

こうして、のちに北海道唯一の壊滅指定団体として道警からマークされることになる最武闘派組織初代誠友会は誕生、石間は初代総長に就任したのである。

「喧嘩が健康の秘訣」の闘魂

石間春夫が、最後の懲役となった七年のつとめを終えて宮城刑務所を出所したのは、平成元年一月二十一日のことだった。

獄中で山口組入りしてから四年の歳月が経っていた。山本広会長が自らの引退と一和会の解散を神戸東灘署に届け出る二カ月前のことで、山一抗争は山口組の完全勝利で終わっていた。

留守の間に大きく変貌をとげた北海道ヤクザ界を目のあたりにして、石間はこう語ったものだった。

「かつて〝反広域〟を旗印に掲げて、道内組織のほとんどを結集した北海道同行会があったけど、その一員として、私なりに各組織の現状や頭領たちの考えかたを分析してみた場合、内地の広域組織の進攻に対して、結束し、対抗できるようなものには到底なり得ないと判断した。彼ら（広域組織）が、一番ヤクザ社会として弱体化している北海道を狙うのは当然なんです。私はその時点で、北海道そのものがそういう大きい組織の草刈り場になるという考えを九十九パーセント持っていた。だから、七年ぶりに出てきて、北海道のいまのような状況を知ったときも、そんなに驚きはなかった」

多分に逆説めくが、石間が四代目山口組入りする根底にあったのも、そうした北海道の脆弱(ぜいじゃく)な状況に対する危機感だったという。

誠友会だけはこの嵐のなかを乗りきらなきゃいかん——との思いが強かったのだ。あるいはシャバにいたままだったら、違った考えかたになっていたのかも知れない。が、刑務所にいる分、自分が直接指揮できない歯がゆさ、まどろっこしさがあり、焦りもあったのだろう。

そうしたことが、石間に徐々に古巣の山口組へ気持ちを傾かせ始めていた。一にも二にも組織防衛という観点からだった。いや、もっといえば、古巣に対する抜きがたい郷愁があったのも否めなかった。

それでも、石間に誘いの手を伸ばしてきたのは、山口組より一和会のほうが早かったのだ。石間にすれば、むしろ山口組より一和会のほうに、かつての柳川組時代からの縁ある人間が多くいたのも確かである。

だが、石間はどれほど熱心に口説かれたところで、到底、一和会へ行く気にはなれなかった。筋ということを考えたら、仮にどんないきさつがあるにせよ、一和会がとった行動は明らかに本家への反逆、筋違い――との認識が、石間にはあったのである。

「カタギさんたちにしたら、鼻で笑うかも知れんが、オレたちの拠って立つところは筋というもの。筋を違えた組織は選べないし、その者たちのたどる末路は見えている」

との信念も、吐露したものだった。

さて、出所した石間は、とても七年も刑務所に入っていたとは思えないほど元気な様子を関係者に見せ、何より覇気を感じさせた。出所後一日も休まず、翌日からは朝十時に誠友会本部事務所に顔を出し、以後、連日事務所に詰めるという健在ぶりを見せつけた。

平成元年四月、四代目竹中正久組長が一和会ヒットマンに射殺されて以来四年あまりも空席となっていた山口組組長の座に、渡辺芳則若頭が就任することが正式に決定、七月に継承式が執り行われた。

この五代目山口組組長の誕生に伴って、五代目舎弟となった石間は、道内山口組一門のリーダー的な立場に立ってさらに意欲的に動いた。その躍進はめざましく、初代誠友会は札幌を中心に全道にくまなく拠点を築き、一部は内地にも勢力を置いて一千人体制も遠からず――というほどの騎虎の勢いを見せた。

その過程で、当然ながら他組織とのぶつかりあいも少なくなかった。流血抗争をはじめ、小さいものまで入れれば、ほぼ絶え間なく抗争事件を繰り返していく。

その最たる例が、同年九月末、稲川会系組織との間で起きた〝札幌抗争〟だった。この抗争では、わずか半日で六十数発の銃弾が乱れ飛ぶという、前代未聞の発砲回数を記録した。

まさに武闘派の面目躍如たるものがあったが、抗争後間もなくして、出所したころとうって変わった元気回復ぶりを人から指摘された石間は、

「喧嘩をやると元気になるんだ。喧嘩が健康の秘訣だな」

と笑って答えたものだった。とても冗談とは思えなかった。もともとが攻撃的な性格で、強気一点張りの男だった。

吹雪とともに散ったライオン

明けて平成二年。正月三が日をゆっくり休養した石間は、四日、早くも本部事務所に顔を出した。石間は昔から律儀なところがあって、用事のない限り、毎日事務所に朝から夕方までいるのがつねだった。

この日、札幌は朝から雪だった。石間は雪が吹雪に変わった昼過ぎ、道内の他家名の兄弟分に電話で連絡をとっている。

新年の挨拶を兼ねて、仲の良い兄弟分と久しぶりに話をしたかったのだろう。石間はこのとき珍しく、

「兄弟、今年は少し稼業から離れてのんびりやろうかと思ってるんだ。ゆっくり休むさ。兄弟、そのうち一緒に温泉にでも行くかい」

と、しんみりと己の胸中を相手にうちあけている。

石間が帰宅のため初代誠友会本部事務所をあとにしたのは、午後四時ごろである。吹雪はなお激しく、いっこうにやみそうになかった。

この日、石間は、いつものボディガード役の組員が一緒にベンツに乗ろうとすると、

「今日はいいよ」

と制し、一人で後部座席に乗りこんだ。まだ正月が明けたばかりだからという組員への気遣いがあったのだろう。ベンツの後ろをこっそりつけてくる白い国産車には、もとより気づきようもなかった。

石間はあと二カ月でちょうど六十歳、還暦であった。その大半は刑務所で過ごし、死と向きあう日々だった。

ヤクザになってからばかりではなかった。海防艦に乗りこみ、戦場に赴いた少年の日、空から雷撃機と十ミリ機銃で撃ちあい、傍らの仲間は腕が飛び、首が千切れてバタバタと死んでいったものだ。

吹雪のなか、石間の乗るベンツが、北一番通り交差点にさしかかったのは、午後四時十分だった。ちょうど自宅と本部との中間地点で、道内で最大の初詣客を集める北海道神宮の近くであった。

赤信号に引っかかり、ベンツが停止線の一番手前に停車したとき、後ろをつけていた国産車から二人の男が飛びだしてきた。

ヒットマンは、ベンツ右後部ドアから石間に狙いを定め、拳銃の引き金を五度、六度と引いた。「パーン！　パーン！」という音とともに銃弾は窓ガラスを破って、石間の心臓と右脇腹に全弾命中。二人のヒットマンはそのまま逃走した。

石間が札幌市内の病院で息を引きとったのは、それから約一時間後のことである。

〝北海のライオン〟の異名をとった〝北海道ヤクザ史を変えた男〟は、五十九年の波瀾（はらん）の生涯を閉じたのだった。

第七話　数々の破天荒エピソードを誇る北海道の「南海の松」

松田武嗣

（飯島一家松本分家庵袋二代目）

青函連絡船殺人事件に連座

北海道小樽市で稼業を張った〝南海の松〟こと松田武嗣は、〝北海の松〟〝般若の松〟とともに〝北海道三本松〟と謳われた北海道伝説のヤクザの一人である。

以前に紹介した〝雁木のバラ〟こと荏原哲夫とは古い兄弟分で、その縁は同期である二人がともに十五歳のときのことだった。

二人が出会ったのは昭和十五年、室蘭の日本製鋼所でのこと。ともに尋常高等小学校を卒業したあとで、松田は同技術養成校に入学した養成工、荏原は国民徴用令で引っ張られてきた徴用工であった。そこは不良少年の巣窟といってもよく、連日彼らの間では覇を競って喧嘩ざたが絶えなかった。

そんななか、松田、荏原ともに不良少年として名が通っていたから、ぶつかるべくしてぶつかったといえるが、一戦を交えることはなかった。強いヤツは強いヤツを知るのたとえ通り、二人は戦わずして意気投合し、五分兄弟分となったのである。

ちなみに松田武嗣が〝南海の松〟の異名をとったのも、この日本製鋼所時代のことで、あるとき、松田の兄貴分で同製鋼所の番長でもあった宮谷という男が、

「おい松田、おまえ、今日から〝南海の松〟と名のれ」

と松田に命じたからだった。

その命名にはなんの意味もなく、単なる宮谷の思いつきでしかなかった。どこで覚えてきたのやら、兄貴分は〝南海〟というネーミングをいたく気にいっていたのである。

しかも、御丁寧にも、兄貴分は木綿針を三本使って、松田の腕の内側に〝南海の松〟と即席の刺青まで彫りこんでしまう。

かくて〝南海の松〟の異名は、不良仲間の間に広まり自然に定着してしまうのだが、なんの意味も由来もなかったその通り名、後年、ドンピシャのものになっていく。

松田はひょんなことから南洋航路の船乗り（機関員）となり、終戦の約一カ月前に兵隊にとられるまでのおよそ三年間、南方の海々を駆けめぐることになるからだ。文字通り〝南海の松〟になったのである。

その名を一躍有名にしたのは、昭和二十五年九月十一日に起きた〝青函（せいかん）連絡船殺人事件〟であった。

この日、松田が下り二便午前九時五十分青森発の国鉄青函連絡船「大雪丸（たいせつまる）」に乗りこんだのは、三沢の兄弟分のところから小樽へ帰る途中であった。内妻と舎弟とを連れた三人旅だったが、青森駅で札幌の稼業仲間とバッタリ出くわして四人連れとなった。

四人は同じ二等客室の枡席に乗りこむや、たちまち酒盛りと相なった。青函連絡船の開航以来初めてという事件が勃発するのは、出港後二時間後のことであった。舎弟と稼業仲間の二人が、デッキにいた函館の競輪選手の一行と乱闘を始めてしまうのだ。相手は地元愚連隊の息のかかった連中で、合計六人。

舎弟と仲間の二人がさんざんやられたあとで出ていった松田は、一人で六人を相手に喧嘩をするハメになり、四人をデッキの床に這わせたところでけりがついた。相手のけたはずれの強さに、残りの二人が戦意を失ってしまったからだ。

勢いづいたのは、舎弟と仲間である。

「てめえら、よくもやりやがったな」

松田にやられて倒れている相手を、ここぞとばかりにバンバン蹴り始めたのだ。

「おう、覚えとけよ、てめえら。あの人はオレの兄貴分でな、〝南海の松〟っていうんだ。てめえらも名前ぐらい聞いたことあるべさ」

舎弟がさんざん蹴とばしながら、啖呵を切った。

だが、少々やりすぎた。相手の一人は打ちどころが悪かったのか、しばらくして死亡してしまうのだ。

松田たち三人は、函館水上警察によってただちに殺人罪で逮捕された。公判の過程で殺人罪が傷害致死罪に変わったものの、三人はそろって懲役四年の刑を受けたのである。

明治十八年の就航以来初めてという、〝青函連絡船殺人事件〟によって、〝南海の松〟の名はいやがうえにも道内に轟くようになったわけである。

縦横無尽の意表を衝く行動

松田がテキヤの名門である飯島一家松本分家庵袋二代目を継承するのは、この事件による懲役をつとめ終え、札幌刑務所を出所して間もなくのことだった。

松田の親分である庵袋秀一は、もともと東京・品川で警視庁の巡査をしていたという変わりダネであった。地元の飯島一家を名のる松本芳市という親分のもとに出入りしているうちに、その人物に惚れこんでしまったのだ。やがて警視庁巡査をやめて松本の若い衆となり、分家名のりまで許され、商売旅に乗って小樽に流れてきたのは戦前のことである。

松田は愚連隊時分、旅先の高市（祭礼、縁日など、その場で屋台を出して商売すること）でこの庵袋に義理ができたことがあった。そのため、後継者のいない庵袋から、

「ワシの実子分になってくれないか」

とスカウトされると、無碍に断れなくなった。もとよりヤクザ者の看板を背負うことなど考えたこともなかったのだが、庵袋の身内からも何度か懇願されるうちに、松田もついに根負けした。庵袋の盃を受けることになったのである。

それでも、名門・飯島の家名を背負い、庵袋二代目を継承したあとも、松田の愚連隊気質は少しも改まらなかったから、同じ飯島一門でも内地のほうでは、松田を同門と知らない者が少なくなかったという。

後年、埼玉・大宮の高市で、飯島の懇親会があり、たまたま松田も祭りに来ていた手前、それに出席したことがあった。そのとき、思わぬ席で松田の顔を見ることになった者たちの反応は見ものだった。

「あれえ、松ちゃん、飯島だったのかい!?」

と驚いたというのだ。まるで嘘のような話だが、それだけ松田は飯島一門のなかで

も異色中の異色の存在であったのだろう。

こんなこともあった――。

ある東北地区における高市でのこと。当時、大きな高市となると、多くの稼業人が集まるため、最終日にはその者たちを見届人として兄弟盃が行われることがよくあった。

そして盃ごとが終わると、なんとはなしに仲間内で〝手なぐさみ（賭博）〟が行われるのも、高市での楽しみの一つだった。

その晩も、旅館の二階広間で、

「さあ、どっちもどっちも」

とバッタ撒きが始まったのはよかったが……。

間もなくすると、どこで嗅ぎつけたものか、制服・私服警官が入り乱れてバタバタと踏みこんできた。

「おい、みんな、動くなよ。現行犯だ！」

と刑事が怒鳴るのに、親分衆は皆観念し、やれやれという顔になった。たいした混乱はなく、誰もがいわれるままに階下におりていく。

が、一人だけ残って悠々と札をいじっている男がいた。

「なんだおまえは。早く下におりるんだ」

刑事に促され、ゆっくり立ち上がった男が松田だった。

バクチ場からただ一人逃走

旅館の一階がレストランになっており、松田はその椅子の一つに腰をおろすと、唖然としている刑事たちにいった。

「オレはメシ食っていくから、少し待ってろ」

「このヤロー！」年若い刑事が血相を変えて詰め寄ろうとするのを、別の刑事が制した。

ビールとカレーライスをきれいに平らげると、松田は、

「待たせたな。さあ、行くか！」

刑事たちに向かって大声を発したかと思うと、やおら懐から拳銃を取りだした。米軍軍用銃45口径だった。

「やめろ！　そんなことをしてもムダだ」

刑事が言い、制服の警官たちが一斉に拳銃を抜いて身構えた。

「拳銃を捨てるんだ！　でないと撃つぞ！　たかがバクチ、罰金で済むじゃねえか」

説得にかかる刑事に、

「バカヤロ、拳銃出したんだ。もうバクチだけで済まんべさ」

松田が笑いながら答えたものだ。背のところに、裏に抜けるドアがあることを知っており、そこから抜け出す腹づもりであった。

「まあ、いい。オレも死ぬだろうが、おまえらも誰かが確実に死ぬことになるぞ。たかがバクチのガサで死ぬヤツはたまらんべさ」

うそぶきつつ、松田は手にした拳銃をグッと前に突きだしたから、刑事たちは一斉に身を伏せた。その機を逃さず、松田はすばやく裏口に通じるドアから脱出、裏の路地に出ると、運よくタクシーが通りかかった。それを捕まえた松田は一路、安全圏へと車を走らせ奇跡的な逃走に成功したのだった。

博奕に参加した錚々たる親分衆が全員捕まったなかで、松田一人だけが堂々と逃げおおせたとあって、この一件はしばらく業界の語り草となったという。〝南海の松〟の名は、一段と有名になったのである。

こんな調子であったから、若い時分の松田は小樽に落ち着かず、凶状旅（警察に逮捕されないよう逃げる旅）が多かった。長いときにはおよそ七年もの間、凶状旅を続けたこともあった。昭和二十九年ごろから三十五年にかけてのことで、釧路で起こしたささいな傷害事件が原因だった。捕まってもたかが知れた刑で済んだのだが、天性の放浪癖ゆえに、東北、関東、北陸など、転々と旅を続けたのである。

このとき、松田が御用となったのは、北関東のある地域で催された葬儀へ出席するために会場の寺へ赴いたときだった。刑事たちが手ぐすね引いて待っていたのだ。彼らがただちに松田を逮捕し、連行しようとしたとき、

「松田は逃げも隠れもしないんだから、葬儀が終わるまで待ってやってくれ」

と刑事を説得し、聞きいれさせてしまった人物が、葬儀出席者の一人で業界の重鎮・極東関口初代の関口愛治であった。さらに葬儀が終わると、関口は、

「将来ある者が懲役に行こうというんだ。何かと物入りだ。助けてやろうじゃないか」

と松田のために、参列者からカネを集めてくれたという。ソフト帽に集まったカネは、当時で十五万円を超えたのだった。

地元不良青少年の憧れの的

　ともあれ、北海道まで刑事三人に護送される段になって、汽車の発車時間までだいぶ時間があった。そこで松田は、刑事三人とともに街に繰りだし、飲めや歌えやのドンチャン騒ぎをして時間を潰したというから、最後までなんとも人を食った痛快な凶状旅であった。

　このときの松田の逮捕は、警察当局初の全国合同捜査（それまでは都道府県別にしかやらなかった）による記念すべき逮捕第一号となり、新聞やテレビのニュースにも大々的に取りあげられたという。

　その〝悪名〟は地元の小樽では広く子どもたちにまで轟いており、脱獄王の白鳥由栄と並ぶ有名人であった。戦後間もない時期、地元紙が「港の目」というコーナーで、地元小学生に「将来なりたい人物」とのアンケートをとったことがあった。そのとき、「総理大臣」や「プロ野球選手」などとともに、なんと「白鳥」や「南海の松」の名もあったという。

　むろん不良中学生の間では、憧れの伝説的大スターだ。腕にボールペンや筆で刺青の真似をするのが流行ったとき、彼らが競って書いたのは、「南海の松」の四文字であった。

北海道の飯島一門を結集して「北飯会」を結成、その会長の座に就いたのは四十代の時分で、そのころが松田の全盛期であったかも知れない。

そんな折も折、昭和五十三年二月三日、五十三歳のとき、松田は大きな交通事故に遭遇する。

脊髄から肩甲骨、あばら骨、大腿骨（だいたいこつ）など、全部で十四カ所を骨折する重傷を負って下半身不随となり、車椅子生活を余儀なくされたのである。助かったのがむしろ奇跡と呼べる事故であった。

さらにそれから十一年ほど経ったとき、肝臓癌が発見される。しかも末期のもので、あと半年ともたない命という。妻の希望で、そのことは直接担当医師から本人に告知されることになった。

だが、さすがに〝南海の松〟と謳われた男であった。医師の告げる言葉にも、松田は微塵（みじん）も取り乱す様子もなく、

「わかりました。オレの命は先生に預けますから、好きなように治療してください。先生にお任せしますよ」

と淡々と答えたという。

結局、半年と宣告された南海の松の命は、それから三年持ち、眠るように六十七年の波瀾の生涯を閉じたのは、平成五年四月七日午後八時六分のことだった。

第八話　戦後の混乱から日本人を守った「渋谷事件」の戦闘司令官

高橋岩太郎

（國粋会落合一家六代目総長）

警察に頼まれて暴徒と対決

高橋岩太郎の名を一躍高めたのは、昭和二十一年七月に起きた、世に名高い〝渋谷（しぶや）事件〟であった。

日本の敗戦と同時にそれまで虐げられていた在日朝鮮人や台湾省民――いわゆる第三国人の暴動が全国的に起きた。渋谷事件もその一つであった。

そもそも第三国人というのは、GHQ総司令官マッカーサーの命名であったが、彼らにとって日本の敗戦は〝解放〟以外の何ものでもなかった。その一部は終戦と同時に欣喜雀躍（きんきじゃくやく）し、物資強奪、無銭飲食、暴行、強盗、強姦（ごうかん）、殺人……と無法の限りをつくしたのだ。

昭和二十年十一月三日、GHQは、朝鮮人及び台湾省民を「できる限り解放国民として処遇する」と声明した。〝解放国人〟とは〝治外法権〟と同義語であり、日本政府の法統制を受けないということだった。

これが彼らをして、二言目には、「オレたちは戦勝国民だ。日本の法律に従うことなどない」といわしめ、その行動の支えとなったのである。

彼らの前に日本の警察は無力であった。そればかりか、警察署が襲われることもしばしばで、彼らに拉致されて警官が暴行殺害されたり、射殺されるケースもあった。

渋谷事件において、高橋岩太郎が台湾省民による渋谷署襲撃を迎え討つ中心的役割を担うことになったのは、

「高橋君、警察に協力してくれないか。実は今日、第三国人が渋谷署を襲撃するという確実な情報が入ったのだ。しかし、現在の署員の人数では、恥ずかしいが彼らにはとても対抗できない状態だ。そこで君に援助をお願いにきた。至急人員を集め、応援してもらえんだろうか」

と、渋谷署の部長刑事から頭を下げられたからだった。

高橋岩太郎はこれを承諾、ただちに舎弟や若い衆に動員をかけ、およそ七、八十人の人数を集めた。武器は竹槍と日本刀などだった。

岩太郎が総指揮を執り、三つの部隊——戦闘隊、予備隊、救護隊に分けたうえで、各隊に専任隊長を置いた。また、味方同士の相討ちを防ぐため、白い布を腕に巻くことを決めていた。

総指揮官・岩太郎のいでたちは白鉢巻、カーキ色の飛行服、半長靴というもので、腰に脇差をさし、懐には十四年式の拳銃を忍ばせていた。

渋谷署付近で戦闘が開始されたのは午後九時過ぎのことで、相手人数はおよそ百二十~百三十人。彼らはそれぞれジープ、乗用車、トラック五台に分乗して渋谷署に押し寄せてきたのだった。

青天白日旗をつけたジープを先頭に、セダン自動車、トラックの順に続き、渋谷署に接近するや否や、相手はいきなり拳銃を発砲してくる。闇を切り裂く赤い閃光と銃声が、戦闘開始の合図だった。

「よし、撃て!」

岩太郎も命じ、戦闘隊は銃を持つ者がトラックに向けて一斉に発砲、激しい撃ちあいになった。トラックが炎上する。銃弾の応酬のあとは白兵戦となり、すさまじい光景が展開された。

戦いは圧倒的に渋谷署側の勝利に終わった。もとより岩太郎らヤクザ部隊の強力な応援があってのことである。

双方の死傷者は警察側から芳賀巡査部長が殉職、目黒署巡査が腰に被弾して重傷。台湾省民側は運転手ら二人の当日死亡者を含め、計七人が死亡、重傷者三十四人に及んだ。大戦闘にもかかわらず、ヤクザ部隊には一人の死傷者もなく、軽傷者がいただけだった。

脈々と流れる任侠道の真髄

彼らの活躍で渋谷署は守られたわけだが、厄介な問題が起きた。事件で死んだ一人の台湾省民の死体の処理に、警察は困り果てた。当日、署長命令で帯刀すらも禁じられていたため、刀傷のある死体はＧＨＱの軍事裁判で問題となったのだ。

そこで警察は再び岩太郎に、その死体の一件、責任を負ってくれと頼みこんできた。台湾省民の渋谷署襲撃を察知して、「助けてくれ」と岩太郎に泣きつき、その際、「武器は使っても構わない。責任は警察が持つ」と約束したのは、警察側だった。その渋谷署の頼みを聞きいれ、命がけで戦って警察の危機を救った岩太郎に対して、今度は、

「責任をとってくれ」

というのだから、呆（あき）れ返った話だった。

結局、岩太郎はこれまた義侠心からそれを引き受け裁判に臨む決心をするのだが、渋谷署の土田精署長は、その軍事裁判において、

「現在、日本は立法・行政・司法等すべての国政は、占領軍の指揮下にあります。われわれもまた占領軍司令官の命令に忠実に従って行動を起こしたまでであります」

との見解を堂々と述べた。それは筋が通っており、この論法からいけば、日本の警察官を罰することは軍政司令官にまで責任が及ぶということでもあった。

そこで裁判官は、これほどの事件にもかかわらず、双方の殺人犯を追及せず責任者も不問にする——との判決をくだしたのだった。

渋谷署から責任を背負わされ、下手すれば懲役十年、二十年となるところを、岩太郎は危うく免れたのである。

この事件後、渋谷署の土田署長は警視庁最高功労章を授与され、さらに警視庁特別警備隊の初代隊長に任命されている。

後年、岩太郎はこの人に招かれて警視庁に赴き、ともに食事をする機会があったが、彼（土田署長）は懐かしそうに渋谷事件の思い出をひとしきり語り、

「高橋、あのときは世話になったな。正直いって、オレはヤクザなんてのはどうしようもない悪いヤツだと思ってたけど、あの事件で見直したよ。ヤクザもいいところがあったんだな」

と笑顔を見せたという。

のちに岩太郎は、自戒を込めて事件をこう句に詠んだ。

「世のために　なりて名をなす　任侠道」

それにしても、岩太郎は警察には裏切られっ放しであった。渋谷事件から一年ほど経ったとき、今度は事件で使った十四年式拳銃を出してくれ——と、渋谷署の刑事が来たという。任意提出という形にして、身柄は拘束しないというのだ。

が、その言葉を信じて拳銃を出したところ、銃砲刀剣類等不法所持の罪名で起訴され、五日間勾留され、罰金刑をいい渡されるハメになった。

岩太郎は後年、渋谷事件を思いだすたび、

〈オレたちは警察に利用され、踊らされた悲しいピエロだった……〉

と思わざるを得なかったという。

三十代で名門一家総長に就任

高橋岩太郎は明治四十五年一月二十五日、東京・中野本町（なかのほんちょう）で農業と酒造業を営む旧家に生まれている。

何不自由ない幼少期を過ごしたが、関東大震災で学校が休校となった時期に遊ぶことを覚え、次第にグレ始めた。

中学三年のときに喧嘩で相手を刺傷し、放校処分となる。それからは家を飛びだし、淀橋、新宿の不良の間に顔を売っていった。

そして仲間の紹介で幸平一家の貸元・大草宇一のもとで修業を始めるが、十八歳のときに同門の男を斬って一家を追放され、再び愚連隊の群れへと舞い戻っていく。二年後、愚連隊の大先輩である落合一家の渋谷大和田の貸元・大竹仙太郎のもとへ入門、三年の部屋住み修業を積んだのちに、正式に盃をおろされたのである。

のちに落合一家五代目を継承した大竹が、扁平上皮癌のため世を去ったのは、昭和二十五年十一月十日のことで、まだ五十一歳という若さだった。

大竹は入院中、己の死期を悟ったのか、かねて敬愛する〝銀座のライオン〟こと生井一家の篠原縫殿之輔と、小金井一家の渡辺國人の二人を病床に招き、「跡目は高橋岩太郎に」の遺言を託していた。

かくて岩太郎は、大竹が没した翌二十六年、落合一家六代目を継承する。間もなく四十歳になろうかというときで、そんな若さで名門一家の総長というのは異例のことだった。

そのため、世間の風あたりもきつく、

「あんな若造に何ができる」

といった陰口が、岩太郎の耳に飛びこんでくることもあった。

そんなとき、隠退して間もない住吉一家二代目の倉持直吉が、何かの席で岩太郎と顔をあわすようなことがあると、

「おい、岩、何か困ったことがあって思案にあまったら、阿部のところに相談に行けよ。オレは柏（千葉県）にいて遠いからな」

と声をかけてくれたという。阿部というのは、むろん跡目を譲った住吉一家三代目阿部重作のことだった。

その阿部重作も倉持の隣りに控えていたから、倉持は阿部にも、

「わかったな。岩が来るようなことがあったら、相談にのってやれよ」

と念を押したという。

その倉持の引き立てが、岩太郎にはどれだけ嬉しかったことか。

岩太郎はその後、「大日本國粋会の復活」に向けて精力的に奔走した兄弟分の森田

政治を助け、何かと尽力する。森田とともに國粋会再建のために執念を燃やしたのだ。

昭和三十三年七月、当初の狙いより規模はやや縮小したものの、「日本國粋会」は結成され、森田と岩太郎の奔走は実を結んだ。

この日本國粋会は頂上作戦によって、昭和四十年十二月、解散を余儀なくされるが、のちに博徒組織として再編成されたのは周知の通りである。

また、岩太郎は地元の渋谷で戦後一世を風靡(ふうび)した新興組織である安藤組の安藤昇組長や、大幹部の花形敬のこともよく知っており、その興亡を最も間近なところで目撃した親分でもあった。

晩年に出合った陽命学の心

一方で、岩太郎は大変な読書家としてもつとに知られるが、学問への導きはある人物との出会いがきっかけであったという。

三十代の時分、博奕による二度の懲役を余儀なくされたときのこと。たまたま担当の検事が小学校時代の同級生で、よく遊んだ相手であったから、岩太郎はこの検事から、「高橋よ、頭悪くないんだから、本を読んで勉強してみろよ」と読書の手ほどきを受けたのである。

初めて読んだ本が河上肇の『貧乏物語』だった。それから徐々にマルクス、エンゲルスを学び、インド哲学、ギリシャ哲学、西洋哲学へと挑戦していった。わからない箇所があれば、検事を訪ねて教えを乞うた。

革命史ではフランス革命に強く魅かれ、マルクスの『ルイ・ボナパルトのブリュメール十八日』には、いたく感銘を受けたという。また、レーニンよりも『永久革命論』のトロッキーに魅かれるところが多かった。その思想というより、一つの革命が成就してもすぐまた次の革命を欲し続け、革命から革命へというその生きかたに共感を覚えたのだ。

ある意味、大層変わった親分でもあったわけである。

岩太郎の最後の服役は六十七歳のときだった。賭博開帳図利罪による懲役一年半の服役を終え府中刑務所を出所したのは、昭和五十六年が明けて早々のことである。間もなく六十九歳という時分だった。

この最後の懲役で岩太郎が出合ったのが、陽命学という思想である。

陽命学は自分が是と感じ、真実と信じたことこそ絶対真理であり、それを自分が知った以上、精神に火を点じなければならず、行動を起こすことによって完結するという思想であった。その根幹は「知行合一（ちぎょうごういつ）」であり、行動を伴わない思想というものを極度に卑しめた。

惻隠（そくいん）の情を起こせば、ただちに行動し救済する。救済が困難であっても、実行しなければ思想は完結しない。最後には身を滅ぼすことに仁と義をなし、己の美のありかとなすという思想であった。

まさに、任侠道に通じることじゃねえか——と岩太郎は確信したのである。

「オレは自分が正しいと信じ、誇りを持てる道であればこそ、この任侠の道を選び、自分が正しい、自分のほうに筋があると信じたときには、そのつど、事の成否を考えずただちに行動を起こし、体を張ってきた。それこそオレにとっての〝知行合一〟であった。オレは死ぬまでこの道を行くだけだ」

と、さらに肚をくくらせることになったという。

文字通り岩のような固い信念を持って、頑なまでに頑固一徹のヤクザ人生を貫いた侠骨の男であった。平成十四年、高橋岩太郎はその生涯を閉じた。享年九十だった。

第九話　大親分相手の名啖呵で男をあげた「関根の軍治」

藤田卯一郎

（松葉会初代会長）

隆盛誇った関根組の一番槍

戦前から戦後にかけて勇名を馳せ、全盛期には組員総数一万人ともいわれ、「関根組にあらずんばヤクザにあらず」とまで謳われたのが関根組だった。

その関根賢組長率いた関根組には、数々の伝説がある。いわく、上野駅で列車が「ポオーッ」と汽笛を鳴らすと北海道では「セキネグミー」と聞こえる、とまでいわしめたこと。いわく、そのためニセ組員も横行し、それを防ぐためにバッジ制度を設けるが、名を騙(かた)る連中があとを絶たず、なかにはニセバッジをつけて歩く者まで現れたこと。おまけに、そのバッジが日本中どこの質屋でも入質できたというのだ。

こうした関根組の全盛時に、〝軍治〟の異名をとって一手にその陣頭指揮をとり、切り盛り役をつとめていた男がいた。その男の実力たるや推して知るべしで、まさに伝説のヤクザと呼ぶにふさわしいであろう。

その名を藤田卯一郎という。

昭和二十四年六月、関根組がGHQによる団体等規正令の適用を受け解散させられると、藤田は組織の建て直しに乗りだした。昭和二十八年三月、藤田は松葉会として関根組の再建を実現させ、その初代会長に就任したのだった。

松葉会は都内全域に勢力を回復し、またたく間に墨田、江東地区を中心に各地に勢力を伸ばし、全国で五本の指に入る巨大組織にのしあがっていく。

藤田は明治三十九年九月二十日、水戸市近郊に生まれ、東茨城郡長岡村（現東茨城郡茨城町長岡）で育った。

母の与加は藤田の幼少のころに夫（藤田の実父）と別れ、輸送業をしていた郡司佐太郎と再婚。藤田は与加の連れ子として郡司家で育ったのだった。〝軍治〟という異名の由来も、この〝郡司〟から来ている。

藤田が母の与加から受けた影響は大きかった。与加は藤田に、連れ子という卑屈な思いを一度も味わわせたことはなく、

「卯一郎、筋を立てなければならないとき、男というものは命を賭けるんですよ。そのために死んでも、男にとっては最高の名誉なんだよ」

というような教えかたをする母親であったという。

また、生まれ育った土地柄も、藤田に多大な影響をもたらした。藤田の育った長岡村は茨城県の中央を縦断する水戸街道の主要な宿場町として知られる。幕末、水戸藩士たちによる〝桜田門外の変〟への引きがねとなる、世に〝長岡屯所〟といわれる尊（そん）

皇攘夷運動が沸騰したのも、この長岡宿であった。

こうした故郷の歴史は、嫌でも人一倍多感できかん気な藤田少年の心を熱く燃やさずにはおかなかった。水戸学の薫陶を受けて国家主義思想に目ざめ、早くから右翼志向が芽ばえたのである。

後年、他に先駆けて松葉会を政治結社に組織替えし、本格的な右翼活動を展開していく下地は、すでに水戸時代にできていたわけだ。

「正しきをもって退かず」

藤田は晩年、人に揮毫を求められると、好んで書いた文字があった。それは「不退」という二文字であった。側近がその意味を訊ねると、

「不退というのは、退かず、といってな、正式にいえば、正しきをもって退かず。つまりだな、理に合わないことならばどんな喧嘩でもしろ、自分の信念を曲げるな、一貫して筋の通る戦いをしなきゃいかん、ということだな。要は、自分が正しいという理念があれば、どんな横車を押されても私は引きませんよ、ということなんだ」

と、楽しそうに答えたという。

いってみれば、〝不退〟とは、藤田の生涯を貫いた信念であり、精神的なバックボーンであった。

藤田は若い時分からどんな強大な組織であろうと偉い大親分であろうと、権柄ずくでものをいう相手に対しては一歩も引かずにやりあった。

藤田が三十代の戦前の時分、こんなこともあった——。

関根組の地元・向島の料亭で、テキヤの大きな会合があって、某親睦会の会長をつとめる神尾祥武郎（仮名）という大親分をはじめ、錚々たる親分衆が集まっていた。

藤田は、その神尾のもとへ挨拶に出向いた。挨拶かたがた、Kという藤田の稼業違いの舎弟を、その親睦会の「理事」の端くれに加えてもらえまいか——と神尾にお願いするためだった。不遇をかこっているかわいい舎弟を、なんとか男にしてやりたかったのだ。

藤田はきわめて辞(じ)を低くして、その旨を大親分に頼みこんだ。ところが、藤田を前にしてその大親分の態度が悪かった。大親分は横柄にも、

「K？　そんなヤツはオレは知らねえな。名前も聞いたことがない」

といってしまったものだから、藤田の怒りは爆発する。たちまち関根組の一番槍(いちばんやり)

と正座を胡座に崩して、ここぞとばかりに吼えた

「何をこのヤロー！　おい、いま、何ていいやがった⁉　ずいぶん舐めた口をきくじゃねえか。よし、わかった。そっちがその気なら、この向島から帰さねえぞ！」

“軍治”の顔もあらわに、

これにはさすがの大親分も、礼儀正しかった青年の豹変ぶりに、目をむいて驚いた。

「この関根の軍治がな、向島から一歩も出さねえって、いってるのよ！」

藤田はなおも火のような啖呵を吐き、大親分を睨みつけた。

結局、この事件は大事に至らずに収まりがついたのだが、錚々たる親分衆をはじめ、居並ぶ百人もの人数を目の前にして一歩も引かずに獅子吼する藤田の気迫に皆が呑まれ、圧倒されてしまったという。

「さすが“関根の軍治”よ」と、この一件は評判になり、なお藤田の声望を高からしめたのである。

同じ時期、藤田は、ある一家に捕まった関根組の若い衆を取り返すため、何十人もがドスや日本刀で武装して待ち構えるなかへ、たった一人で乗りこんでいったことがあった。

「おっ、来やがった」

「こいつも、ひっつかまえてしまえ！」

などと相手が騒いでいるなか、肚を据えた軍治は、ゆっくりと懐からドスを取りだすや、

「女房、子どものいるヤツはそばへ寄るなよ！」

といい放った啖呵には、思わず相手方一統を黙らせる迫力があった。

その気迫に、相手親分もそのうちに、

「あれは関根の軍治だ。みんな、手を引け」

と気づいて、無事に若い衆を返してくれたという。

引きあげる藤田の背を見送りながら、そこの親分、自分の若い衆に、

「おい、みんな、覚えとけよ。あれが関根の軍治だ。しかし、いい男っぷりじゃねえか」

しみじみ漏らしたという。

たった一人で乗りこんで……

藤田の人物、人柄を物語ってあまりある、こんな逸話もある——。

松葉会の六役（最高幹部の一人）といわれた和泉武志が、まだ茨城・大洗に落ち着く前、東京・浅草吉原（よしわら）近くに事務所を置いていた時分のことだ。のちに兄弟分に直るが、そのころ和泉はまだ藤田の舎弟である。

ある夜、藤田が吉原にブラッと遊びに来たことがあった。粋な着流し羽織り姿である。それがたまたま愚連隊の目にとまり、「おい、オレたちにおアシを出してくれ」と恐喝をかけてきた。藤田は笑って、

「おお、そうか、わかった。だけどな、おまえたち、オレだからいいけど、他の人にはこういうことするんじゃないぞ」

と財布から無造作に大枚の札をつまんで愚連隊に手渡した。愚連隊はポカンとした顔になった。

この愚連隊のリーダーが、若き日の森谷一郎（のちの松葉会大幹部＝森谷一家初代総長）であった。森谷は和泉武志のもとへ出入りしており、和泉を「兄貴」と呼んでいた。

翌朝、森谷は和泉の事務所へ顔を出した。そのうちに、「おい、いるかい」と事務所にやってきた男がいた。その顔を見て森谷は驚いた。昨夜、ハイダシ（恐喝）をかけた相手だったからだ。しかも、その男に対し和泉が、

「あっ、兄貴、お早ようございます」

と丁寧に挨拶したから、森谷は仰天する。

「兄貴、あの人は誰ですか？」と、そっと聞くと、

「バカヤロ、あれが関根の軍治じゃねえか」

「……！」

顔色を変えた森谷を見て、和泉が理由を質すと、森谷は昨夜の顚末を白状した。

今度は和泉が驚いて、別室にいる藤田のもとへ飛んでいった。平身低頭して詫びる和泉の話に、

「ああ、そうだったな。そういえば、そんなヤツがいたな」

藤田も思いだしたが、笑うだけだった。それっきりで終いである。普通なら、

「そんな行儀の悪いヤローは、木刀でも背負わしてやれ」

と命じ、少々手痛いお仕置きを食らわせるのが、おおかたの親分の反応だろう。そ

れを少しも気にとめている気配さえなく、笑って済ませるのだから、森谷は〝関根の軍治〟の人間の大きさにシビれた。

「何てえ人だ……」

この森谷一郎も偉かった。これを機に、その一門となって修業に精を出し、生涯藤田につくすことになる。

安保改定の前年にあたる昭和三十四年二月、藤田は松葉会を「政治結社松葉会」として届け出た。松葉会は左翼勢力への対抗姿勢を前面に打ちだし、安保、日韓問題ではかなり激しい行動を展開した。

この安保闘争の最中、昭和三十五年四月に起きたのが、松葉会会員による、世に名高い〝毎日新聞社襲撃事件〟であった。

「親父が死ねば殉死」の真情

同年四月二日午前四時十五分ごろ、松葉会の十数名が有楽町にあった毎日新聞社に車で乗りつけるや、手に手に砂袋や発煙筒を持って窓ガラスを破り、輪転機に砂をかけるという行動に出たのである。ただし、社員に対して暴力をふるうことは絶対にしないよう、申しあわせていたといわれる。

この襲撃は、藤田会長夫人の葬儀に関連して、毎日新聞が《政治家の花輪ずらり松葉会親分夫人の葬式〝くされ縁〟に批判》という見出しで報じたことに端を発したとされる。誰よりも怒ったのは、夫人から内緒で小遣いをもらったり、何くれとなく面倒をみてもらうことの多かった部屋住みの若い衆たちであったという。

松葉会は再三にわたって記事訂正を要求したが、毎日新聞社側から確たる返答がなかったことに、業を煮やしたうえでの決行であったようだ。

ちなみに藤田夫人の葬儀回状に名を連ねた政治家は、衆院だけで重政庸徳、迫水久常、安井謙、西郷吉之助ら十七人、他に安井誠一郎前都知事、現職の東竜太郎都知事、都議七人、地方議員や区議が二十四人にのぼった。藤田卯一郎の当時の勢威がうかがえよう。

藤田は心を許した兄弟分などに対し、

「もし、うちの親父に万一のことがあれば、オレは生きちゃいねえよ。サムライだけが殉死するんじゃない。ヤクザ者もサムライに負けない殉死をするんだ」

と心情を漏らすことがあったという。「親父」というのは、むろん関根組組長の関根賢のことである。

〝不良の神様〟と謳われた益戸克己も、この藤田のセリフを聞いた一人で、

「ヤクザ者のなかで、こんなに純情なヤツもいねえなあ」

と感心せずにはいられなかったという。

戦後すぐに藤田の若い衆となって、後年、浅草の名門・出羽家一家を継承し、松葉会最高幹部として活躍した橋本時雄も、若き日、関根に対する藤田のびっくりするような光景を目のあたりにしたことがあった。

そのとき、関根が玄関先に立ち、出かける矢先だったこともあって、藤田は、

「あっ、親父さん、ちょっと待ってください」

とサッと駆け寄り、関根が履こうとしている靴の汚れを、自分の着ているオーバーで拭いたのだ。

藤田がまだ兄ィのころの話ではなく、すでに関東を代表する親分の一人と目されていた時分のことだけに、橋本の驚きも大きかったという。

そんな藤田が世を去ったのは、昭和四十三年七月八日夜のことである。

知人の経営する東京・新宿のホテルで心筋梗塞の発作を起こして倒れ、急報で医師

が駆けつけたときにはすでに手遅れであった。そのまま帰らぬ人となったのは、同夜十一時五十分だった。

享年六十三、戒名は「大心院釈卯善居士」であった。

葬儀のとき、関係者を甚だ感心させたのは、喪主をつとめた関根賢の毅然とした態度だった。だが、二、三日後、藤田の側近と食事をともにしながら、関根は、

「藤田のヤツは、なんだってオレより先に逝きやがったんだろ」

とうめくようにいい、とめどなく涙を流し、男泣きに泣いたという。それこそが関根と藤田の関係のすべてを表していたといっていい。

第十話　〝独眼竜の政〟の喧嘩度胸

森田政治

（日本國粋会初代会長）

先祖は直参旗本の家柄

平林たい子の『地底の歌』のモデルとしても知られる森田政治が、〝独眼竜の政〟の異名をとるようになったのは、昭和九年正月、二十歳のときに起こした事件に由来する。

鉄火場のもつれで窮地に立った兄貴分の助っ人を買って出て、森田は単身殴り込みをかけたのである。まだどこの一家にも所属せず喧嘩三昧の日々を送っていた愚連隊時分のことだった。

相手は、永代橋近くの箱崎町一帯の博徒の顔役である〝塩豊〟、その舎弟の富蔵、子分の〝永代の由〟、三下（さんした）の兼公という顔ぶれであった。それまでのチンピラ相手の喧嘩とはわけが違って、本筋の博徒との命のやりとりである。

この四人を相手の斬りあいで、喧嘩には勝ったが、森田は親にもらった目を片方失ってしまう。額から左目、鼻をえぐって右唇にまで入った刀傷が、人目につく看板となった。〝独眼竜〟のゆえんである。

森田が生井一家に入って、篠原縫殿之輔を渡世の親とするのは、この事件のあとである。鉄砲洲（東京中央区東部・湊一丁目付近の旧地名）界隈（かいわい）で名の通った、一匹狼の博奕打ち・富本鉄太郎から話を持ちかけられ、篠原を紹介されたものという。

篠原縫殿之輔は、愛知・岡崎（おかざき）の本多家の奉行の息子で、カネの遣いっぷりもよく、〝銀座の殿さま〟の異名で全国にその名が通った粋な親分だった。また、〝銀座のライオン〟ともいわれたのは、その野太い声から来ていたが、その大声で何でも通してしまう押しと度胸は天下一品といわれた。

が、当初はその誘いに「オレのように無手勝流に生きてきた男に看板持ちがつとまるだろうか」――と森田は迷ったという。まして銀座の篠原といえば、ヤクザ渡世の金看板、けじめやしつけのうるさいことでもよく知られていた。

結局、森田が考えた末に、ヤクザ渡世に飛びこむ決断をしたのは、

「喧嘩三昧でほうぼうから狙われてる、このオレだ。骨を拾ってもらえるところがあってもいいだろう」

との気持ちからだったという。

かくて銀座の親分・篠原縫殿之輔の門を叩くのだが、盃はすぐにはおろしてもらえなかった。親分の家で飯炊き、掃除、使い走りなど、生半可な我慢で済まない部屋住み修業に打ちこんで、三年後にようやく親子の盃をもらえたのである。

森田政治は大正二年十一月二十六日、東京・銀座で生まれた。四代続いた生粋の江戸っ子であり、根っからの銀座っ子でもあった。つまり、〝銀座の殿さま〟篠原縫殿之輔は地元の親分でもあったわけだ。森田もまた、〝銀座の政〟の異名でも呼ばれたのだった。

実家は「魚治」という名の魚屋で、徳川の直参だった祖父が明治維新のときに魚屋に転身し、それ以来の家業であった。

物心つくころから習い始めたのが剣道で、家の向かいの築地（つきじ）警察署の道場へ通いつめた。サムライの血を引く身ゆえか、根っからの剣道好きで筋も良く、たちまち夢中になった。

〝夢〟に賭けて私財投げうつ

一方で、子どものころからヤンチャで血気盛ん、喧嘩に明け暮れた。十五、六のころには家にも寄りつかず、不良仲間の家に泊まりこんで喧嘩三昧の日々を送るようになった。「鳳凰（ほうおう）に菊の乱」の刺青を背中に彫ったのも、この時分であったという。

ついには前述のような左目を失う喧嘩を引き起こしてしまい、かねて森田をかわい

がっていた富本という博奕打ちが見かねて、

「政ちゃん、いつまでも一人っきりで突っ張っていちゃ、生命がいくらあっても足りやしない。生井一家の銀座の親分、篠原縫殿之輔から盃をもらう気はないかい。オレから篠原の親父に話をつないでやるから」

と声をかけたのだった。

かくてヤクザ渡世に入門し、修業に励んでいた森田であったが、間もなくして世は米英相手の戦争に突入。森田が召集令状を受けとるのは昭和十八年九月、二十九歳のときで、北支派遣軍乙第一八三三部隊へ配属となった。

北支の山西省太原で電信九連隊の新兵教育を受け、さらに奥地へ進んで陽泉においても、森田は〝独眼竜の政〟〝不死身の政〟として大いに名を馳せた。

だが、日本の敗戦を経て武装解除があり、どうにか無事に佐世保に復員してきたのが、昭和二十一年八月のことだった。すぐに生まれ故郷の銀座へ帰還し、再びヤクザ渡世へと舞い戻ったのである。

森田が生涯で最も心を許し、仲のよい兄弟分となった高橋岩太郎と出会い縁を結んだのは、それから間もなくのことである。

森田が七十四歳で世を去ったとき、その葬儀委員長をつとめたのも、この高橋岩太郎であった。

森田の葬儀の席上、岩太郎はこう挨拶を述べている。

「……初代会長・森田政治は戦後私財をなげうち、（大日本）國粋会の再建に努力いたしました最高の功労者でありますが、天命とはいえ、病魔に侵され、過日、帰らぬ人となりました……」

森田が初代会長（それまでは理事長制で、初代理事長・青沼辰三郎～二代目理事長・荻島峯五郎～三代目理事長・佐藤芳行と続く）をつとめた日本國粋会（現・六代目山口組國粋会）は、「大日本國粋会の復活」を目的に昭和三十三年に結成されたものだが、高橋岩太郎が述べているように、そのために誰よりも尽力したのは森田であった。

大日本國粋会は大正八年十月十日、関西の顔役であった西村伊三郎の提唱により、関東の梅津勘兵衛、倉持直吉、河合徳三郎、青山広吉、篠信太郎、関西の中安信三郎といった親分衆を中心に、当時の首相の原敬、内務大臣・床次竹二郎の支援で結成されている。

その設立趣意書に《政治外の任侠団》と明記し、《吾等の団結には千鈞の力がある。何となれば団員は互いに峻厳（しゅんげん）なる作法に依（よ）り血をもって結ばれたる親たり子たり又兄弟であるからだ》と謳いあげていることでもわかるように、土建業者を含む博徒の全国的な結集体であった。

「大日本國粋会」再建に奔走

会員六万名を呼号し、社会主義運動を力で粉砕する団体として、八幡製鉄、大阪市電争議などをはじめ、大正十三年三月の奈良県下での水平社との衝突など、数多くの流血事件を起こした。あるいは昭和二年の末から翌年春にかけての野田醤油会社争議の調停もよく知られている。

また、戦時中は司法省の下で「武蔵挺身隊」を結成し、防空壕を掘ったり、何万人もの死者を出した東京大空襲における死体の跡片づけなど、国のために献身的な働きを見せたものだ。

だが、この大日本國粋会も終戦後の昭和二十一年、ＧＨＱから解散指定を受けて解散する。

戦後、この國粋会再建計画が芽ぶいたのは、ときの法務総裁・木村篤太郎の肝煎りで持ちあがった〝反共抜刀隊構想〟がきっかけになった。梅津勘兵衛に話が持ちこまれ、篠原縫殿之輔、金井米吉、倉持直吉らが動きだす。

そして親分の篠原の代理者となり、大日本國粋会再建に向けて奔走することになったのが、森田政治であった。

だが、〝反共抜刀隊構想〟は、ときの首相・吉田茂に一蹴され、幻のままに潰えた。さらに御大・梅津の病死により、國粋会再建計画もいったんは据え置きを余儀なくされる格好となった。

それでも森田は諦めなかった。その実現に向けての執念はすさまじく、

《森田政治が新橋一丁目に所有していた貸しビルの家賃一カ月六十万円ずつが、國粋会再建資金に充当された。その後その貸しビルが木造だったので焼失し、敷地百坪を売却した代金一億五千万円も大半は國粋会の運営費、及びヤクザ団体間の紛争調停費に当てられた》（五社英雄『蒼き龍たち』サンケイ出版）

と、私財をなげうって己の夢に賭けたのだった。

そうした苦労が実を結んで、昭和三十三年七月、「日本國粋会」が結成されるに至

った。品川プリンスホテルにおいて行われた発会式には、生井一家、幸平一家、田甫一家、小金井一家、佃政一家、落合一家、信州斉藤一家、金町一家、伊勢紙谷一家、義人党などの一家に加えて、防衛庁政務次官をはじめ、右翼陣営からは佐郷屋嘉昭、松本良勝、辻宣夫ら計四百余名が参集した。

「大日本國粋会の復活」という当初の狙いよりスケールが小さくなったのは否めなかったが、森田の執念が実を結んだのは間違いなかった。

この任侠系政治結社「日本國粋会」は、警察庁による頂上作戦によって昭和四十年十二月、解散を余儀なくされたが、その後、従来の博徒組織（現在の國粋会）として蘇（よみがえ）ったのは知られる通りである。

頂上作戦というのは、その名の通り、警察当局による苛烈をきわめたヤクザ組織中枢への摘発であり、トップ・幹部クラスがターゲットにされ、次々に逮捕されるに至った。

森田もまた、昭和四十年二月、大量拳銃密輸の容疑、いわゆる〝ユルトレル事件〟のからみで警視庁に逮捕されている。

事件はフランス航空の機長ジョルジュ・M・ユルトレルが国際線機長の立場を利用

して、アメリカの銃砲店や闇市場からベルギー製ブローニングなどの拳銃二百八丁を大量密輸して摘発されたものだった。森田はそのほとんどの百七十八丁を引きとり、傘下組織に流していた。

この時期、森田は左翼勢力に対して大いなる危機感を抱いており、真剣に任侠右翼の武装化を考えていたという。そのための準備であったわけだが、森田はこの事件と他の一件とで懲役九年半の刑を受けている。

引退後は右翼活動に邁進

森田はユルトレル事件後、渡世を引退するが、出所後に右翼団体「蒼龍社」を結成。大学教授を招いて理論研修を開き若手活動家を育てたり、行動派右翼としても知られるなど、意欲的に右翼活動に取りくんでいく。

ところで、森田が右翼開眼するきっかけとなったのは、左翼の歴史学者である服部之総との留置場での出会いであったといわれる。

治安維持法に引っかかって勾引されていた服部と、若き日、愛宕(あたご)警察署の留置場で同房となり親しくなるうちに、服部から大川周明の『中庸新註』を読むように勧められたのだった。そこから徐々に右翼思想に傾倒していったわけである。

人の出会いというものの面白さであろうが、服部之総は森田との交流をこう述べている。

《ふしぎに森田君が刑務所から出ると、イの一番にぼくの所にくる。今度は足を洗うといってね。

戦争中は、人間が神様になる時代だったんだけれども、ぼくも森田君がバクチ打ちから足洗う世話ができたら本望だと思って、あらゆる方途をつくしてみたが、みんなが神様になる戦争中を通じて、バクチ打ちから足を洗うというまじめな気持ちで出た森田君を、精算させるような条件は見られなかった。

だから、〝結局、君はバクチ打ちだから、バクチを打ってたらいいだろう〟ということになっちまって……（笑）》（『世界評論』昭和二十三年十月号）

この服部之総が知の世界への導き手ともなったわけだが、それ以後も森田は、西洋哲学から東洋哲学まで、貪るように読書を積み重ねていったという。

兄弟分の高橋岩太郎と気があったのも、一つにはともによく書物を読み、勉強していたこともあって、哲学や歴史など共通のテーマで語りあえたからだった。

高橋岩太郎は、兄弟分の森田を、

「こんなに頭も切れ、根性もしっかりして、器量のあるヤツもいない。ヤクザとして一級の男」

と、かねがね尊敬もしていたのだった。

森田が仲裁人となり、〝三島抗争〟という大きな抗争を収めるという大仕事をやってのけたのも、まだ四十代半ばのことであった。

静岡県三島市において、当時の鶴政会（現・稲川会）と極東愛桜連合会（現・極東会及び極東桜井総家連合会）系の若い衆同士がささいなことから揉め、互いに殴り込みの応酬があって、双方に死者、重傷者を出し、あわや全面戦争へと発展しかけていた。

この事態をわが事として憂慮した森田は、ただちに仲裁に入る決意をし、すぐに動いた。が、それが容易ならざる大仕事であるのは、誰の目にも明らかだった。それでも森田は、

「たしかにオレには荷が重すぎるかも知れない。だけど、このままにしていたんでは大変なことになるし、業界の損失ははかり知れないものがあるじゃないか。命を賭け

てもオレはやるよ」

と決意し、捨て身の和解工作に奔走した。

それが実を結んで、双方異議なく森田に仲裁を一任、晴れて手打ちとなったのは、抗争勃発から約三カ月後のことである。

森田が病気のため世を去ったのは、昭和六十二年のこと。波瀾万丈の七十四年の生涯に幕を閉じたのだった。

第十一話　千年の都に輝いた「残侠」の光芒

図越利一

（会津小鉄会総裁）

侠名を高めた〝七条署事件〟

京都の名門・会津小鉄会の図越利一総裁が、京都・山科の病院で八十七年の波瀾の生涯を閉じたのは、平成十年七月七日のことである。

その通夜、本葬儀、告別式は四日間にわたって営まれ、七月七日が近親者の通夜、八日が一般人の通夜、九日が稼業関係者が参列した本葬儀、十日が告別式であった。

高瀬川沿いの「会津会館」で営まれた本葬儀は、稲川会稲川聖城総裁が本葬儀執行委員長をつとめ、五代目山口組渡辺芳則組長、稲川会稲川裕紘会長をはじめ、全国津々浦々から錚々たる親分衆が参列。図越利一という親分の大物ぶりを改めて見せつけられることになったのである。

また、弔問に訪れた一般市民だけでも数千人に達し、十日の告別式もカタギの参列者が圧倒的で、参列の波は途絶えることはなかった。出棺のときとなり、図越総裁の柩が組員らに担がれて高瀬川の橋を渡ると、炎天下にもかかわらず、最後まで残った八百人近い参列者が見送ったのであった。その半分以上が女性で、舞妓さんの涙ぐむ姿も見られたという。

「図越総裁がいかに地元の京都市民に慕われていたかということやね。いまどきどこを見渡しても、親分の葬儀にこれだけカタギの人が駆けつけるなんてあり得んでしょ。それだけ総裁がホンマの侠客やったというこっちゃね。実際、終戦直後に起きた京都七条署事件をはじめ、地元の人たちのためにずいぶん体を張り、何かとつくしたお人やからね」（地元事情通）

〝京都七条署事件〟というのは、昭和二十一年一月に起きた日本人ヤクザと不良三国人との衝突で、多数の死傷者を出した事件だった。図越利一が決定的に売りだしていく始まりともなった事件でもあったのである。

当時、一部の不良三国人は、それまで抑圧され差別されていた鬱憤のはけ口として、各地でやりたい放題、無法と乱暴狼藉（らんぼうろうぜき）の限りをつくし日本人と衝突を重ねることが多かった。彼らの前に警察は無力で、警官が現場に駆けつけても、

「オレたちは戦勝国民だ。日本の法律なんかに従う必要はない！」

と強気一辺倒だった。

それればかりか、警察署が襲われることもしばしばあり、彼らに拉致されて警官が暴行されるケースもあった。一般市民にとって恐怖におののく日々が続いていたのだ。

京都においても、彼らが大挙して七条署に乗りこんでくるという宣告があり、当時

の中島組図越組組長図越利一のもとに、

「親父さん、助けてほしいんですわ」

と七条署署長の意を受けた同署警部補が、応援を求めに来たという。

かねてから彼らの横暴を苦々しく思っていた図越はこれを承諾、若い衆に招集をかけて彼らを迎え撃つ決意を固めた。

それが死者三名（五名もしくは八、九名との説もある）、重軽傷者七十名ともいわれる一大市街戦、〝京都七条署事件〟へと発展するのである。

戦いを終え、引きあげてきた図越たちを、地元七条の市民たちはさながら討ち入りを果たした赤穂浪士を迎えるように拍手喝采で迎え、

「御苦労はんどす」

「ようやっておくれやした」

との言葉で労（ねぎら）ったという。

この事件を契機に、図越の侠名（きょうめい）は一挙に高まっていく。

途絶えていた大名跡を復活

親分である中島源之介は、そんな図越が誇らしくてならず、どこへ行くにも連れて歩き、

「これがうちの図越ですねん。今度の何しましたんねん」

と親分衆に自慢するのがつねだったという。

すると、彼らは誰もが、七条署事件で陣頭指揮をとった図越の活躍を聞き知っていたから、

「中島はんは、ええ若い衆を持たはったなあ」

と、感心することしきりだった。

中島源之介は七条の貸元として知られ、戦前から京都侠道界では屈指の実力者であった。図越が正式にこの中島の若い衆となったのは、七条署事件の五年前、昭和十六年十月、二十八歳のときだった。それまでの図越は、百人からの若い衆を率いてどこの一家にも所属していない〝一本どっこ〟であった。

それが連日、中島源之介の七条の賭場へ通ううちに、中島に目をかけられ、何かと温かい言葉をかけられるようになっていく。図越の男っぷり、所作、器量が中島の目

にとまったのである。

やがて、「一本（どっこ）では男になれんぞ」と勧めてくれる人があったのと、図越自身、

「盃もらうなら、この親分しかおらん」

という思いが一致して、中島源之介の盃を受け、百人の若い衆を引き連れて中島組の一統に連なったのだった。

図越はメキメキと頭角を現していき、三年後には並みいる先輩を抑えて中島組若頭となっている。

その中島源之介が胃癌のために世を去ったのは昭和三十五年のことで、初七日の法要の席上、中島会の幹部全員が図越若頭を正式に二代目に推挙、跡目継承が決定した。もっとも、それは存命中から中島源之介が決めていたことであり、遺言でもあった。

昭和三十五年十月、木屋町（きやまち）の料亭「鮒鶴（ふなつる）」で二代目中島会襲名披露が執り行われ、二代目図越利一会長が正式に誕生した。

それから間もなくして二代目中島会を中核として、中川組、篠原会、いろは会、北新会、丸音会、寺村組、宮川会、二代目吉村組といった組織が大同団結して結成され

たのが「中島連合会」で、その会長に就任したのが図越であった。それは京都ヤクザ界の一本化の実現でもあった。

その図越会長のもとへ、

「会津小鉄の三代目を継いでもらえまへんやろか」

と、大阪で渡世を張る小久一家総長の石本久吉、大阪で塗装会社を営む実業家の原田弘の二人が訪ねてきたのは、昭和四十八年秋のことだった。

関西侠道界の長老である石本の祖父は、〝薬師の梅吉〟といわれた幕末の侠客（きょうかく）で、会津小鉄とも親密なつきあいがあった。その二代目を継いだ石本米吉は石本久吉の実父であった。原田は会津小鉄の孫で、二代目上場卯之松の実子にあたる人物だが、根っからのカタギの人だった。

いまに残る数々のエピソード

会津小鉄の名跡は、初代上坂仙吉が明治十八年に五十三歳の生涯を閉じ、二代目上場卯之松が昭和十年に六十八歳で病死したあとにそのまま途切れ、歴史のなかに埋もれていたものだった。あまりに偉大な名跡ゆえに継ぐ者が現れなかったのだ。そこで、

「せっかく小鉄の流れを引いとるのに、跡目が空白のままいうのはおかしいですがな」

と、名跡復活に奔走することになったのが、前述の二人だった。そして、

「誰の目にも、会津小鉄三代目に最もふさわしい人物」

として白羽の矢を立てたのが、図越であった。

確かに中島連合会を構成する親分衆の源流をたどれば、そのほとんどが会津小鉄にたどりつくのは事実で、図越自身、会津小鉄―いろは幸太郎―三国源太郎―水車政―木村徳太郎―中島源之介との譜に連なる本流の一人だった。

だが、図越はその要請を、「そんな器量やないから」と、二度も辞退している。その胸中には、

〈そらたしかに会津の小鉄はんは偉いお人やろ。せやけど、ワシには遠い人やし、ワシの親分は中島源之介ただ一人や。この親分の跡目をもろた以上、中島の名を汚さんように一門の者を引っ張っていくんが、ワシのつとめやないか〉

との思いしかなかったからだ。

それでも石本、原田は諦めなかった。さすがに三度目のときには、図越もそう無下

に断るわけにもいかなくなり、

「総会にかけて、皆の意見を聞きますから」

と答えたという。

その結果、三代目継承問題は中島連合会の幹部会に諮られ、幹部全員の賛同が得られたのだった。

こうして図越利一は昭和五十年三月、三代目会津小鉄会を継承、「会津小鉄」の名は再び世に出ることになったのである。

同時に中島連合会は三代目会津小鉄会となり、それまで統一されずに各組織が独自におのおのの代紋を使っていたのが、大瓢簞（だいひょうたん）の代紋に統一されることになった。ついに京都は、名実ともに一本化なったのである。

四十年の空白期間を経て三代目会津小鉄会を継承した図越であったが、間もなくすると、そんな空白期があったことなど何も感じられなくなった。

典型的な昔気質（むかしかたぎ）の博徒タイプの図越三代目には、会津小鉄の歴史と伝統が似つかわしく、またその風格と貫禄で、大瓢簞の代紋はなおさら渋い輝きを増し始めたのである。

図越利一は関西侠道界の重鎮として押しも押されもせぬ存在となっていく。大きな抗争が起これば、時の氏神たる仲裁人に立てる親分として、必ずその名が挙がるようにもなった。図越三代目が入れば、まず大抵の喧嘩は収まったのである。

斯界でいかに重きを置かれた存在であったか、たとえば、こんな話も残っている――。

つねにヤクザ渡世の王道歩む

関西の某地区で、大組織系列組織同士の間で抗争が勃発、それが少しばかり厄介な事態になり、しばらくして図越に、

「総裁、一つお力添えを……」

と仲裁の依頼が持ちこまれた。

抗争が始まって二週間も経つのに、なお解決の糸口さえつかめなかったのは、片方に死者が出ていたからだった。むろん手打ちに対して強硬なのは、死者の出ている組織のほうで、

「誰が間に入ろうと、仲裁になぞ応じん」

との姿勢を見せていた。

「この喧嘩止められるんは、総裁しかおりません。どうかよろしうお頼（たの）申します」

と依頼者にいわれては、図越も仲裁役を引き受けないわけにはいかなかった。

その晩のうちに、図越は死者の出ている組織との交渉のため、最高幹部二人を連れて京都を発（た）った。

一行が当地に着いたときは夜中になっていたが、相手親分は図越の顔を見るなり、涙ぐんで、

「総裁が来てくれはったんでっか。金（きん）の馬車持っていっても来てくれはらへん人が来てくれたんでは、もう何もいうことおへんですわ。すべて総裁にお任せしますさかい……」

と言いきったのだった。図越が何一つ口を開かぬうちに、無条件の手打ちが成立してしまったのである。

それにしても、「金の馬車」とは、図越という親分の貫禄（かんろく）、値うち、斯界でどのように評価されていたのかを表してあまりあろう。

初代の会津小鉄その人にもたとえられる図越の見事な仲裁ぶり――名仲裁人ぶりは、

すでに若い時分にその原点を見いだすことができるのだが、こんな逸話がある――。

まだ中島源之介の盃をもらって間もないころ、中島組の先輩の兄ィが伏見・中書島の賭場で揉めごとを起こし、そこの組織の者から頭を割られたことがあった。

図越はすぐさま中書島に殴り込みをかけたが、すでに相手はもぬけのカラだった。

やむなく七条に引き返した図越のもとへ、やがて仲裁人が訪ねてきて、

「中島組の若い衆に怪我さした当人には小指詰めさし、破門にしますさかい。これから詫び状書いて、医者代も出すいうてますから、この土産でなんとか収めてもらえまへんやろか」

と申し出た。土産というのは、ヤクザ渡世でいう〝落とし前〟のことだった。手打ちの条件として、中島組の面子が保てるうえになお、お釣りがくるような土産を持ってきたのである。

それに対して図越は、

「結構だす。それ、もろときましょ」

と答えたうえで、こう続けたのだ。

「せやけど、その人間を破門にしても、小指詰めてもろうても、うちは何の得にもな

りません。それより本人に、頭下げ、両手ついて、悪うおした、といってもろたら結構です。ほんで土産はあんたがくれはったんやから、また返しますさかい、全部持って帰っておくれやす」

もとより親分の中島源之介からすべて任されてのことであったが、この話のつけかたは図越の一存である。

さすがに仲裁人もこれにには驚き、しばらく声も出なかったが、

「図越はん……あんたって人は……！」

と唸ったという。

あとで報告を受けた中島源之介は、

「それでええ。上出来や」

と顔面に喜色を表して、図越を誉めたと伝えられる。

万事こうした任侠精神を貫いて、つねにヤクザ渡世の王道を歩んだ図越利一という昔気質の博徒の軌跡は、鮮やかに残侠の光芒を放っているといえよう。

第十二話　夭折した「近代ヤクザ」の先駆け

高橋輝男

（住吉一家大日本興行初代会長）

〝祐天寺の輝〟の不良時代

ヤクザ界には、「あの男がもう少し生きていたら、その後のヤクザ地図は大きく変わっただろう」と語り継がれる存在があって、伝説たるゆえんなのだが、昭和三十一年、三十四歳の若さで世を去った高橋輝男も、紛れもなくそうした人物の一人といえる。

戦前は東京・目黒、祐天寺界隈の不良少年〝祐天寺の輝〟として鳴らした高橋輝男が、芝浦の阿部重作の盃をもらって住吉一門となったのは戦後すぐのことだった。中国・海南島から復員後、銀座に出て、すでに阿部重作一門だった浦上信之と出会い、その舎弟となった縁による。

浦上信之は戦前から〝人斬り信〟の呼び名で銀座で売りだし、戦後は〝銀座警察署長の異名をとった男である。

〝銀座警察〟というのはマスコミによる命名で、その名が初めて新聞に登場したのは昭和二十五年三月六日のことだった。《銀座私設警察一斉検挙》という見出しで、センセーショナルに報じられたことによる。

そのいわれは、法律では解決し得ない経済事件の処理を、被害者の依頼によって暴力を背景に行い解決するのが彼らの仕事であり、債権取りたてや会社乗っとりグループの追及にあたっても、〝聞き込み〟などの情報収集、〝捜査〟〝張り込み〟から〝逮捕〟〝取り調べ〟〝留置〟に至る刑事警察の全過程を、銀座のど真ん中でやってのけたからだった。

一方で、彼らは終戦直後の混乱した銀座の治安を守ったのも確かである。戦勝国民と称して悪さの〝し放題〟を繰り広げる連中を追い払ったり、ヒロポン撲滅にも力を注いだのだ。

この銀座警察の司法主任といわれたのが高橋輝男であったのだが、実質的には彼が銀座警察そのものであったという。高橋輝男は近代ヤクザの先駆けといわれ、「これからのヤクザは何か事業に取りくんでいかなければ時代に乗り遅れる」として、銀座で「秀花園」という貸植木業を開いて自ら荷車を引いたり、バーなどに卸すおつまみの工場をつくったり、泰明小学校のそばに寿司屋（「輝寿司」）を開いて行き場のない若い者の面倒をみていたという。他のヤクザ者のように、賭博を開帳してテラをとったり地元の飲食店等からみかじめ料をとるなどという発想はかけらもなく、博奕にもまるで興味がなかった。

政財界や右翼の人脈も広く、経済力もあって、九州・別府の「九州硫黄」という硫黄鉱山や、〝東京の台所〟といわれた神田の青果市場の「一元青果」という会社を手に入れて経営したり、映画製作にも手を染めたほどだった。

舎弟の豊田一夫が主宰する「殉国青年隊」の右翼活動を全面的にバックアップし、同青年隊は昭和二十九年十一月には、日比谷公会堂に約五千人を集めて「全国総決起大会」を開催できるまでに躍進をとげていた。

そうした輝男の事業の一環として、昭和二十七年に設立されたのが大日本興行株式会社であった。

大日本興行は世界フェザー級チャンピオンのサンデー・サドラーを呼んだり、金子繁治とエロルデの東洋選手権の興行を成功させたりして、次々に事業を広げていった。さらに、東南アジアとの貿易を手がけることも夢見ていたという。

銀座警察といわれた存在感

輝男を大きく飛躍させる転機となったのは、世にいう「三井不動産事件」であったといわれる。

この事件での活躍で、輝男は経済的基盤を揺るぎないものにしたばかりか、政財界にも豊富な人脈ができ、三井関係者をはじめとする強力な支援者も出てくる。

当時とすれば、最高級といわれた日比谷の日活国際会館に事務所を移したのも事件直後のことで、ヤクザの事務所としては考えられないことだった。いまならさしずめ、帝国ホテルのなかに事務所を持つようなものだからだ。

「高橋輝男はあらゆる面ですごかった。物の考えかたやスケールの大きさ、もうヤクザだとかなんとかという域をはるかに超越してた。他の者とは志がまったく違うところにあったわけだ。ヤクザが、バクチのテラだ、カスリだ、縄張りだってことしか頭になかった時代に、これからのヤクザは実業で生きていかなきゃいけないって、自ら実践してたんだからね。そして、彼の視野にあったのは、狭い日本じゃなかった。東南アジア全部だったよ」

とは、輝男を知る長老の話である。

高橋輝男は大正十二年、東京・麻布に生まれ、目黒区祐天寺に来たのは小学校を出てすぐのことだった。親戚の豆腐店に丁稚奉公することになったのである。

その豆腐店での仕事が、輝男の足腰や膂力（りょりょく）、腕力を鍛え、そのうちに大人と相撲をとっても引けをとらなくなった。度胸もあって、喧嘩も滅法強かった。

やがて、〝祐天寺(てんじ)の輝〟の異名をとって、界隈の不良少年の間では知らぬ者とてないほど名が轟くようになったのである。

侠気に富んだ輝男は、弱い者いじめや理不尽なことをする輩が大嫌いで、仲間がやられていると聞けば何をおいてもすっ飛んでいって助けた。相手がヤクザ者であろうと誰であろうと、関係なく立ち向かうのだ。いつか祐天寺ばかりか、学芸大学(当時は第一師範)、中目黒……と、東横線一帯に〝てんじの輝〟の名は広まって、ヤクザの兄イ連中さえ一目置くようになっていた。

だが、その実像は童顔で心やさしく、戦後、親交を結ぶことになる詩人の菊岡久利からは、「鹿のようなかわいい純真な目」を持つ男と評された。それでもひとたび怒ったときには、その童顔も三白眼となって、悪い連中を震えあがらせたという。

そんな輝男が海軍に応召され、陸戦隊の一員として南支の海南島へ送られたのは、昭和十九年五月のことである。

この海南島時代、輝男は大きな影響を受ける人物との出会いが待っていた。司令官の奥平定世である。

奥平はもともと東京外国語学校の教授であったのを、海軍に応召され、海南島に設置された民政庁の司令官に就任。当地で現地住民の撫育に専念する日々を送っていた。この奥平司令官の副官として配属されたのが、輝男であった。それは輝男のその後の人生を考えると、天の配剤ともいえる幸運な邂逅となった。奥平こそ、輝男にアジアへの新たな理想と視野とを抱かせてくれた人物だったからだ。

その視野はアジアを臨み……

戦後、輝男は若くしてヤクザ社会に確固たる地盤を築いてからも、つねにアジアに目を向けていた。

貧しいがゆえに教育を受けられない、しかし、勉強したい――という向上心の強い若者がいれば進んで学費を援助し、彼らを東南アジアへ送りこむことを夢見た。

送りこむといっても、むろん侵略的な考えではない。技術面やさまざまな分野で、その土地の人のために貢献できる若者を育てたかったのだ。

「どんな分野でもいい。電気、水道、ガス、医療、農業、教育、何でもいい、何か一つ技術を身につけて、骨を埋めるつもりでアジアへ行き、そこで役に立つ人間になってもらいたいんだ。ああ、この人がいないと困るという存在価値のある人間。そうした人材を育成することが、ヤクザのオレが唯一、世の中に貢献できることじゃないか」

と、輝男はつねづね舎弟たちに語ったという。

一方で、海外からの留学生の面倒をみたり、台湾独立運動の青年を自宅に居候させたこともあった。ばかりか、自身が南方へと雄飛し、そこに本拠を構えることを死ぬまで夢見ていたフシがある。

アジアどころか、同業者たちは、日本の狭い土地を、やれ奪った奪られたと刀を振りまわし、拳銃を手に縄張り争いに血道をあげていた時代である。

変わっているといえば、こんな変わったヤクザはいなかっただろう。まさしく異端児である。

ともあれ、この海南島での海軍陸戦隊時代、奥平定世との出会いもあって、輝男の胸中に、広くアジアと将来とを見据えた壮大な夢の原型を育ませたのだった。

戦争が終わって輝男が海南島から復員するのは、昭和二十一年四月のことである。祐天寺に帰ってきたときはズタ袋一つであったという。

輝男は間もなくして銀座に出て〝人斬り信〟こと浦上信之の舎弟となり、浦上の一統に連なることになる。すでに浦上一門となっていた荒木由太郎との縁といわれる。荒木のほうが先輩であったが、輝男とは兵隊へ行く前からつきあいがあったのだ。この荒木の兄弟分に、〝ピストル坊や〟こと佐々木正人と泥谷直幸がいて、三人とも浦上信之の舎弟だった。

当時、これら浦上一統が住吉一家のなかでいかに力があったかは、昭和二十五年、同一派（浦上一家と呼称された）に対して、ＧＨＱの団体等規正令による解散指令がくだったことでも明らかであろう。

では、いくらこの浦上一統と縁があったからとはいえ、とてつもなく先見の明に富み気宇壮大な志を抱き続けた輝男が、ヤクザ渡世へ入ってしまったのはなぜなのか。

「戦争に負けて価値観が百八十度ひっくり返り、日本的なものが一切剝奪（はくだつ）され、何もかも失った荒涼たる焼け跡のなかで、唯一まだ日本らしさが残ってると感じられた世界が、このヤクザ社会だったんだよ」

輝男は後年、知人にふと漏らしたものだった。

そんな輝男を待ち受けていたのは、その後の人生で大きな影響を受けることになる、ある人物との出会いであった。

詩人の菊岡久利である。

戦前はアナーキストとして投獄数十回に及ぶ実践活動の傍ら、詩集や戯曲集を出し、アナーキズム詩人として活躍。が、戦時中、右翼の大立者・頭山秀三と出会ってその門下となり、一種の天皇主義に転じた異色の詩人であった。

戦後は鎌倉（かまくら）に住まいを置き、毎日電車で銀座へ通う身だった。それは、銀座八丁目の金春湯の前の老舗「伊勢由」の店を借りて、「一隅軒」の看板を掲げ、古美術店を開いていたからだ。

その店の奥の一室が事務所で、銀座の浦上一統――荒木由太郎や泥谷直幸たちの溜り場になり、ある種のサロンのようになっていた。

事業、実業での自立を目指す

自身が不良少年だったこともあって、菊岡久利もまた彼ら〝不良〟をこよなく愛し、よく面倒もみたのだった。いわば、菊岡は不良少年たちの教育係をつとめた人であり、後年、低劣な三流誌あたりからは「銀座警察の参謀」などと中傷されるが、その実は

輝男たち若い一統の精神的バックボーンとなった型破りの詩人でもあった。一統に新人が入ってくると、菊岡はよく、

「おまえ、出身はどこだ？」

と聞き、仮に、「山形です」との答えが返ってくると、

「よし、おまえ、山形のほうに向かって正座しろ。それでもって、おまえはいま東京で不良少年をやってるんだから、お父さん、お母さんに、御免なさいって謝りなさい」

というような教育をする人でもあった。高橋輝男にとって菊岡は心の師ともいえる存在で、輝男はつねに敬愛の念を抱いていた。

「オレたちは銀座警察なんていわれても、心に疚(やま)しいことや恥ずべきことをしてない以上、世間からどう誤解されようと恐れないけど、いつも一番気になるのは、菊岡先生にどう受けとめられるかってことだな。いわば、菊岡先生の存在がオレのブレーキ役になってるから、間違ったことはできないよ」

と、身内に漏らしていたほどである。

自宅の寝室にも、「青年の愛と汗で」「人を責めるな、されど、非道の攻撃に屈する

のは恥と知れ」との菊岡に教えられたモットーを貼るほど、輝男は菊岡に傾倒していたのだった。

輝男が最初に取りくんだ貸植木業「秀花園」も、菊岡の発案であった。輝男は手ずから額に汗して、植木を満載した荷車を引いてまわったのである。これが銀座警察の原点となり、銀座に確固とした地盤を築く第一歩となったのである。

距離置いた伝統ヤクザの流儀

高橋輝男は荷車を引いての貸植木業から始まって、おつまみの卸し、寿司屋ばかりか、北海物産という会社をつくり、北海道から直送した鮭(さけ)を貨車二両分叩き売ったこともあった。

昭和二十七年に設立した大日本興行株式会社はボクシングのプロモートを専門に行う会社で、とくに日本で開催されるプロボクシング東洋選手権は、ここを通さずには実現不可能であった。

戦後初めてボクシングの世界チャンピオンを日本に呼んだことでも知られ、それがアメリカの世界フェザー級チャンピオン、サンデー・サドラーだった。そのうえで、サドラーと金子繁治との一戦を組んで後楽園球場で興行をかけたのだが、これはいまひとつ成功しなかったという。その理由は、チケットを売りだしても、

「まさかねえ、あの本物のサドラーが来るわけないじゃないか」

とボクシングファンは誰も本気にしなかったからともいわれる。だが、本当にサドラーを呼んだものだから、皆が度肝を抜かれたのだった。

次に始めたのは九州硫黄株式会社という鉱山事業で、大分・別府の硫黄鉱山を買いとったものであった。住友パルプや宇部曹達工業、小野田セメントといった大手企業と取引があったという。

事務所を構えた先は、日比谷の日活国際会館という超近代ビルだった。なにしろ、このビル、一階から五階までがフィリピンやデンマークの大公使館をはじめ、外国の商社や銀行などが入居するオフィス専用フロアー、六階から九階は百三十三室で二百十九人の収容能力があるホテル、地下一階は商店街、地下二階から地下四階までが百五十台を収容する駐車場になっていた。

輝男は、この四階、四一九号室に大日本興行の事務所を置いたのである。もとより、ネクタイを着用しなければ出入りも許されなかった。

当時はヤクザ者といえば、アロハシャツや雪駄履きで肩で風を切って歩くスタイルが一般的だった時代である。サングラスをかけたり、むしろガラの悪さを誇っているようなところがあった。

輝男の兄貴分である〝人斬り信〟こと浦上信之などは、そうした〝伝統派〟を代表するようなヤクザだったから、浦上が事務所に顔を出したりすると、輝男は苦笑しながら、

「兄貴、兄貴が来ると、ガラが悪くなっていけねえや。兄貴はここには顔を出さないでください」

とズバッといってのけ、帰りしな、そのポケットに大枚の小遣いをねじこむのがつねだったという。

兄貴と舎弟とはいっても、このころになると、舎弟のほうは何億のカネを動かす事業に取りくむ男に躍進をとげており、兄貴分のほうはテラ銭やカスリがどうのという旧態依然としたヤクザのままであり、それは歴然としていた。だが、ヤクザ社会からすれば浦上のほうが正統であり、輝男は異端もいいところだったといえよう。

各界の錚々たる大物と交流

輝男が映画製作にも手を染め、また、「一元青果」という青果市場を経営したことがあったのも、知りあいの社長から、

「六百台のタクシーを抱える都内のタクシー会社か、神田の『一元青果』っていう青果市場のどっちかを経営してみないか。資金も出すから」

との話を持ちこまれ、

「それなら男らしく威勢のいいヤッチャバのほうがいい」

と答えてのことだった。

当時、「一元青果」は、八百万人（当時）の東京都民の台所を賄っているといわれた最大手の青果市場であった。万事につけてスケールが大きかったわけである。

「私はバクチが嫌いでね、自分じゃやらないし、人にやらすのも好きじゃないんだよ。それと、用心棒という発想が何より嫌いなんだ。オレたちは銀座で暮らして、誰よりも銀座を愛してるから、何かあれば命がけで銀座を守るのは当たり前のことだ。けど、それで店から用心棒代をもらおうなんてさもしいことは、微塵も考えちゃいけないよ。銀座はおカネをとるところじゃなくて、おカネを落とすところだからな」

輝男はつねづね、こう舎弟や若い衆たちに言い聞かせていたという。

その人脈もすごかった。わずか三十歳を越えたばかりの男が、どうしてこれだけの大物たちとつきあえたのかというくらい、ヤクザ社会はもとより、政・財界や右翼の世界にも太いパイプを築いて、どの業界においてもトップクラスの連中にかわいがられているのだ。詩人の菊岡久利や、海南島時代に副官として仕えた司政官で復員後に大学に復帰した奥平定世なども、高橋輝男のブレーンといってよかった。

菊岡の作家仲間にも輝男のファンがいて、ことに菊岡久利のペンネームの名づけ親である横光利一は大層輝男に興味を持ち、菊岡と顔をあわせるたび、

「おい、近ごろ、輝ちゃんはどうしてる?」

と消息を訊ねたという。

ヤクザ社会においても、親分の阿部重作の兄弟分で明治座の社長もつとめた新田新作に目をかけられた。

また、三井不動産事件で強い絆(きずな)ができた児玉誉士夫、あるいは〝室町将軍〟と呼ばれた三浦義一という右翼の巨頭との縁、その支援も大きかったであろう。

輝男を愛した最たる政治家は、当時、ワンマン宰相こと吉田茂と対立、鳩山一郎を

擁して反吉田の急先鋒だった〝寝業師〟三木武吉であったといわれる。

輝男には、人をいっぺんに魅了せずにはおかない不思議な磁力が備わっていたとしかいいようがない。

あるとき、輝男が恐喝か何かの容疑で警視庁に捕まったため、若い衆が差し入れにいったことがあった。

輝男を捕まえたのは、Kという警視庁捜査二課の主任警部補で、警視庁きってのやり手といわれた男だった。巨漢で、外車を乗りまわす名物警部補でもあった。

との先入観で輝男を取り調べたKは、やがて調べを進めるうちに仰天してしまう。

「どうせ、そこいらのつまらんヤクザの兄ィ」

輝男の物の考えかた、やっていることのスケールの大きさに唖然とし、いまだお目にかかったことのないヤクザのタイプにショックを受けるのだ。終いには輝男にすっかり惚れこんでしまった。

一門の若者が、警視庁に留置されている輝男に差し入れに行くと、輝男は取調室の一番いい椅子に大きな顔をしてふんぞり返っていた。

「おお、こちらのKさんに挨拶しな」

輝男にいわれ、若者が目を白黒させながら傍らのK警部補に挨拶すると、

「やあ、御苦労さん。心配いらん。輝ちゃんはオレが責任を持って早急に出すから。むろん無罪だ」

と請けあったという。それぱかりかKの惚れこみようは、

「オレは警視庁をクビになっても構わん」

と刑事生命を賭けるほどのもので、なんと夜な夜な輝男を愛車の助手席に乗せ、自らが運転して銀座へ通うようなことまでしていたという信じられない話まで伝わっている。

「まるでオレたちは、高橋輝男信者だな」

といった舎弟もいた。

出会った者が惚れこむ魅力

高橋輝男がわずか三十四年という短い生涯を閉じるのは、「もはや戦後ではない」との言葉が経済白書に登場した昭和三十一年が明けて早春——三月六日のことだった。

この三月六日という日は輝男にとってつくづく厄日だったようで、これより七年前

の同じ日、兄貴分の浦上をはじめ、多くの舎弟たちとともに、警視庁捜査二課によって〝暴行〟〝恐喝〟の容疑で一斉に逮捕されているのだ。

しかも、この事件に対する新聞の報道が、

《私設銀座警察一斉検挙　署長浦上信之は逃走中　司法主任高橋輝男をはじめ他の幹部も検挙さる》

といったセンセーショナルなものであったから、輝男たちはいっぺんに有名になってしまった。

もとより輝男たちは、それまで自ら〝銀座警察〟を名のったことは一度もなく、司法主任などという肩書がどこから出たものなのか狐（きつね）につままれたような気分になった。

警察に頼んでもラチがあかない厄介ごとでも、輝男たちに頼めば危害は免れるし何でも解決してくれる、という街の声を、まるで輝男たちが名のったものでもあるかのように新聞が書きたてた、というのがおおかたの真相であったろう。

それでは本物の警察はいままで何をしていたのだということにもなるわけで、新聞は輝男たちを叩いたつもりで、逆に警察の無力さと弱体ぶりを皮肉ったも同然であった。

「何が銀座警察だ。ふざけてるよ。何で輝ちゃんがこんな市民生活のダニみたいな書かれかたをしなきゃならないんだ。それにしたって、日本の大新聞や警察はセンスがなさすぎるよ。銀座警察だと!? これならアル・カポネの〝夜の大統領〟のほうがスマートだし、ユーモアもあるじゃないか」

と輝男たちのよき理解者である詩人の菊岡久利は、この報道に怒りの声をあげたといわれる。

菊岡は、戦後の不逞(ふてい)外国人の横暴から銀座を守り、ヒロポン撲滅運動の口火を切ったのが輝男たちだということを知っていたからだ。また、貸植木業の「秀花園」をやっていたころ、輝男が汗水たらして荷車を引き働いてきたのも目のあたりにしていた。ただ、自ら名のったことはなくても、輝男の一統が経済事犯の被害者の依頼を受けて、私設警察もどきのことをやったのは事実だった。が、それは相手がしたたかな悪党連中のときに限られていた。

目を奪う会葬者の顔ぶれ

昭和三十一年三月六日、高橋輝男は浅草妙清寺において、思いもよらぬ銃撃戦の果てに銃弾に斃れ、ついに帰らぬ人となり、三十四年の生涯を閉じた。

「誰だ。――オレを撃ったのは」

とひと言漏らしたのが、最後の言葉になったという。

このとき、輝男の脳裡（のうり）を駆けめぐったのはどんな思いであったのだろうか。

筆者はこう想像せずにはいられない。

〈親もなく学歴もなく何もなく、ガキの時分から、山のてっぺんにあがる登山道を閉ざされてきたオレには、そのための大きなジャンプ台が必要だったんだ。それこそヤクザという世界だった。そしてオレは、バクチだ、縄張りだ、喧嘩だなんてばっかりいってるヤクザの古さを否定し、どこかでバカにしてきた。けど、オレもその住人である以上、いつなんどき、こんな形で最期をとげないとも限らなかったわけだ……そうか、これが、この世界への義理返しってことになるのかも知れない……〉

目黒・祐天寺における葬儀には、約七千人もの会葬者があったという。

松葉会初代会長藤田卯一郎を葬儀委員長とするその葬儀回状の顔ぶれは、歴史的といえるほど壮観である。施主の阿部重作、新田新作、葬儀副委員長の久野益義、木津政雄の名が連なり、親戚友人総代の欄に列記された名もまたすごかった。アトランダムに挙げると、鳩山一郎、三木武吉、河野一郎、犬養健、広川弘禅といった政治家から、鶴岡政次郎、稲川芳邑、関根賢、岡村吾一、入村貞次、益戸克巳、田岡一雄、関口愛治、尾津喜之助、万年東一（順不同）といった有名親分までがズラッと並んでいるのだ。

祐天寺に眠る高橋輝男の墓碑には、

《この道を生き貫きし面影の眼に浮かぶなり春寒くして》

という三浦義一の歌と、

《惜也（おしむなり）若（わかき）途中（とちゅう）　静（しずかに）眠（ねむる）》

との菊岡久利の漢詩とが刻まれている。

戒名は、顕義院殉誉仁道輝光居士であった。

第十三話　戦後の仙台を彗星のごとく駆け抜けた〝不良の神様〟

吉田武

（奥州西海家初代吉田会会長）

漂うカミソリのような凄み

杜の都・仙台で〝不良の神様〟の異名をとり、戦後の一時期を彗星のように駆け抜けた伝説のヤクザがいた。

名を吉田武といい、奥州西海家（現住吉会住吉一家西海家七代目）初代・横田末吉の一家を名のった親分である。

その系譜はいまも住吉一家西海家吉田会として継承され、吉田武〜二代目菅原孝太郎（西海家五代目）〜三代目守屋長清（西海家現七代目）〜四代目小野寺季富〜五代目菅原英雄と続く。

「吉田武という親分は、触ると斬れるというカミソリみたいな人だった。無口でニヒル。凄みのある人でね。その姿を見ただけで、不良っ子たちは『あっ、吉田のおじさんが来た』『タケやんだ！』と、サッと身を隠してしまうほど。独特の雰囲気があった人だね」

「生きていれば、仙台のヤクザ地図もだいぶ変わったものになってただろうね。間違いなく西海家の三代目を継ぐ人だったから。初代の横田末吉さんにも、ことのほかかわいがられていたよ」

とは、いまもなお、地元関係者の誰もが口をそろえていう言葉である。
この吉田武が思いもよらぬ凶刃に斃れ、四十二年の生涯を閉じたのは、昭和三十二年のことだった。

そのとき、総領子分の菅原孝太郎が二十八歳、次男格の守屋長清が二十六歳である。親子の盃を交わしてわずか六年の歳月しか経っていなかった。

親分の吉田が殺されたとき、当然ながら菅原の胸には報復の念しかなかった。が、抗争は東京・新宿の尾津喜之助などの奔走があって間もなく手打ちとなり、相手親分も代目者の座を剝奪され、やがて獄中で病死してしまった。

それでも若い菅原の胸の鬱屈は、いっこうに晴れなかった。自暴自棄になった面もあったのかどうか、再三にわたって刑務所に行くことが多くなり、それから十年間というものはシャバに落ち着くことがなかった。

その菅原の留守の間、吉田一統をまとめ、吉田の灯を守り続けてきたのが守屋長清だった。

「守屋には本当に苦労をかけた。いまのオレがあるのも、守屋のお陰だ」

と、後年、菅原はよく語ったものだ。

吉田武は西海家というテキヤの看板を背負ってはいても、一切露店稼業はやっていなかった。一番町(いちばんちょう)や国分町(こくぶんちょう)一帯を縄張りにして、ダンスホールやキャバレー、バーなどの用心棒、パチンコの景品買いといった現代ヤクザ流のシノギのスタイルを、仙台でいち早く確立していた。

また、いまでこそ関東二十日会や関東神農同志会といった一家を越えた他家名同士の親睦機関の存在は別に珍しくもないが、開明派でもあった吉田は、すでに昭和二十年代当時に、東北・北海道地区でその機関を発案し実行に移していた。

北海道と東北の大同団結を呼びかけ、神農系組織を結集し、「双葉同人連盟」という親睦組織を結成することに成功したのである。それは、他に先駆けてのものといってよかった。

時代を先取りした開明派

また、無類のおシャレでもあり、ヤクザ者のファッションがダボシャツ、ジャンパー、雪駄と相場が決まっていた時代に、つねにスーツにネクタイ姿で、ときにはソフト帽をかぶり、寒い季節にはトレンチコートに白いマフラーをなびかせていた。そんな吉田のダンディぶりは際だって目立っていた。地元不良っ子の憧れの的となったのである。

夜、吉田の若い衆たちが一番町の盛り場をうろついていると、たまにバッタリと親分の吉田と鉢あわせすることがあった。吉田は大抵女連れか、一人である。若い衆を大勢連れて歩くというようなことはなかった。

吉田が若い衆にかける言葉は決まっていた。

「マチガイ、起こすなよ」

「はい」

と殊勝に答えるものの、血気盛んな連中ばかりだったから、そうそう親分のいいつけを守れなくなってしまうこともままあった。

しかも、そのころ、吉田が縄張りにする一番町に急速に勢力を伸ばしてきた新興組織があって、吉田一統の目にあまるようになっていた。

とくに相手の首領・首藤健吉（仮名）は、その新興組織の二代目を継承したばかりの時期で、当時の仙台最大の盛り場・一番町を根城に、やみくもに勢力を拡大しようという野心をあらわにしていた。そのため、街で遊んでいる愚連隊はもとより、大学ボクシング部の連中やらキャバレーのバーテンからボーイまで、誰でも彼でもかき集めている感があった。

実は守屋長清も、吉田武の盃をもらう前の不良っ子時代に、この首藤からスカウトされたことがあるというのだから、なんとも皮肉な話である。だが、不良っ子の多くから英雄視されている感のあった吉田と違って、首藤という親分の評判はいまひとつ異なった趣きだったようだ。

「〝人斬り健坊〟といって、どうにもこうにも執念深い男だ」

というような噂しか、入ってこないのだ。

その首藤が、一番町の吉田一統の縄張り内にまで食いいるようになってきた。そうなると両者のぶつかりあいは必至で、実際、ときどき若い衆同士が火花を散らすようにもなっていた。

やがて両者の対立構図は抜きさしならないものになっていくのだが、直接のきっかけとなったのは、やはり一番町の縄張りをめぐっての攻防戦であった。

そのころ、一番町は新規の店がどんどんオープンするなかで、ネオン街としての区域がさらに広がりつつあった。そんななかで首藤が目をつけたのが、深夜喫茶『二番街』だった。縄張り開拓に意欲を燃やす首藤は、さっそく『二番街』に用心棒として食いこむことに成功したのである。

それからというもの、同店へ立ち寄る吉田の若い衆たちが首藤によって店から追いだされ、殴られさえするようになった。それも一度や二度ではなかった。

そうしたやりくちに、吉田の一統が怒りを爆発させるのはもはや時間の問題といえた。

次第に強まる舎弟との対立

そしてその日がついに訪れたのである。『二番街』において若い者二人が飲んでいるところを首藤に咎（とが）められ、さんざん殴られたのだ。

知らせを聞いたこの二人の兄貴分は、ただちに『二番街』に駆けつけた。

「首藤さん、何でこんなことするんだっしゃ!?」

店にいた首藤に、兄貴分は怒りをぶつけた。

首藤は酔いでぎらつかせた目を向けてきて、

「うるせえ！」

と一蹴、相手にしなかった。

その態度に、吉田一門の兄ィは我慢ならなくなった。相手に躍りかかり、拳を顔面に数発叩きこみ、倒れたところを足で蹴りあげ、完膚なきまでに叩きのめしてしまったのである。

それが昭和三十二年十一月二十五日深夜――いや、日付が変わって二十六日のことであった。

その日夜になって、総領子分の菅原孝太郎は八幡町(はちまんまち)の吉田の自宅を訪ねていた。事件のことを、舎弟の守屋長清から報告され、吉田の身を案じたからである。

「孝太郎、心配すんなよ」

「いや、何があるかわかんないから、今晩から泊まりこみをさせてください」

吉田は日頃から、部屋住みの若い衆を一人として置いていなかっただけに、菅原は心配でならなかったのだ。

「首藤たちは守屋やオレだけでなく、親分を狙ってくるかも知んないっしゃ」

「そんなことは絶対にないから、孝太郎、心配すんな」

吉田はいっこうに気にかける様子もなかった。

守屋にしても、吉田の身を案じて、朝のうちに事件のことを報告にきたのだが、

「まあ、いい。オレから首藤には話しとくから。相手が手を出しても、おまえらは手を出さないようにしとけ」

と吉田はまるで問題にしていなかった。それもそのはずで、首藤健吉は吉田の代紋違いの舎弟であった。

「舎弟の健吉のこと。話せばわかる」

という絶大な自信があったからだ。よもや自分に刃を向けるなどということは、吉田には露ほども考えられなかったのだろう。

菅原は、舎弟数人とともに吉田の家に泊まりこませてくれ――と必死に頼んだのだが、吉田は最後まで首を縦に振らず、結局諦めて帰らざるを得なかった。

ちょうどそのとき、時計の針は深夜十二時をまわり、二十六日から二十七日に日付が変わった。

「じゃあ、親分、わかりました。これでわれわれは帰りますから」

「おお、気をつけて帰れ」

菅原の胸をふと不吉な予感が走りもしたが、

〈そうだ。相手は仮にも親父の舎弟じゃねえか。この稼業でメシ食っている以上、間違っても親父を狙うようなことはないだろう〉

と、自分自身を納得させて引きあげるしかなかった。最後の最後まで、「まさか」という気持ちも強かった。

が、その「まさか」が的中していた。すでに相手は吉田武、菅原孝太郎、守屋長清の三人の命を狙って暗躍中だったのである。

そんなこととは露知らない吉田は、この夜は好きな麻雀もやらず、酒も飲まずに早目に床に就いた。

十三カ所も斬られた凄絶な死

吉田の麻雀は、豪快な打ちっぷりで知られていた。博奕は、西方一家初代・西方哲四郎の若い衆である西山浅逸の常盆（常設の賭場）の常連で、大きな博奕を打った。勝つときは札束がタンス二棹にいっぱいになったが、宵越しのカネは持たない主義の吉田は終生、カネには縁がなかったようだ。

初代・横田末吉の実子分を名のっていた人の二代目を継承した某氏は、こんな証言をする。

「おっかない親分だったけど、妙に親しみの感じられる人でもあった。私はずいぶんかわいがられましたよ。あれは昭和三十年前後のことだったか、私が一年くらいつとめた刑務所を出て、吉田親分の家に挨拶に行ったことがあるんですよ。そしたら着物を着てて、『おっ、出てきたのか。ちょっと待ってろや』って、財布から全部おカネを出し、それに加えて奥さんにどこかから工面させたものとをあわせて、『お祝いだ』って、ポーンと私にくれるんです。当時は全部百円札でね、そのころとすれば、破格のお金でした。カネも切れたし、面倒見も良かったんですよ」

さて、運命の夜――。吉田の波瀾に富んだ人生の最後が間もなく迫ろうとしていた。

真夜中の午前三時四十分ごろ、自宅の玄関先で、

「今晩は、今晩は」

と呼ぶ声があった。

何度も呼ぶので、夫人がカーテンを開けて覗（のぞ）いたところ、見知らぬ若い男が立っていた。

「ことづけを頼まれました。開けてください」

このとき、吉田夫人は、

〈殴り込みだ！〉

と直感し、あわてて夫を裏口から逃がそうとしたが、すでに遅かった。

手に手に日本刀や拳銃、出刃包丁を持った六人の男たちが、縁側のガラス戸と玄関のガラス戸に体当たりして一斉に乱入してきた。

拳銃を持った男が吉田夫人にそれを突きつけ、他の男たちは白刃をきらめかせて吉田に襲いかかった。さしもの強者も多勢に無勢、なおかつ寝込みを襲われたとあってはどうする術もなかった。

吉田の最期は壮絶なものだった。頭、腕など十三カ所を日本刀で斬りつけられ、脳室に及ぶ頭部割瘡（かっそう）、上膊（じょうはく）動脈の内側三分の二をえぐりとられるほどの切瘡（せっそう）を負っていた。

この凄絶さは、吉田武という親分が、いかに強大なターゲットとして刺客たちに恐れられていたかの証明でもあっただろう。

享年四十二、戒名は「仁侠院義肝武英居士」であった。

第十四話　筑豊の荒くれ〝川筋モン〟を束ねた情愛の親分

太田州春

（太州会初代会長）

十八歳で作業員六十数人を統率

太州会初代の太田州春会長とお会いしたときの強烈な印象は、いまも忘れがたい。

昭和六十二年三月六日のことであったが、いかにも九州男児を絵に描いたような豪快な男らしさと、頭の良さ、情の細やかさとを併せ持った人で、

〈こんな親分もいたんだ！〉

と仰天した記憶がある。

太田州春が生まれ育った福岡県田川市は、同じ炭鉱地帯の筑豊地区でもより独特の風土を持ち、炭鉱の全盛時代、全国から流れてきた荒くれたちによって育まれた〝川筋モン〟の伝統を最も色濃く受け継いでいるといわれる。気性の激しさで知られるのだ。

その〝田川気質〟の申し子ともいえる太田は、何より故郷・田川を愛した親分でもあった。

昭和九年一月十日生まれの太田州春は、子どものころから国定忠治や清水次郎長の芝居や浪花節が好きで、ヤクザ渡世への憧れは早くからあったという。人の上に立つ器量は天性のものだったようで、中学生の時分から愚連隊の頭領となり、以来、「太

州会」を結成するまで親分と名のつく者は誰一人持ったことがなかった。

子どものころからヤンチャで「やりっ放し」の暴れん坊、中学二年のとき、少年院入りを余儀なくされたが間もなく脱走し、関東へ出て池袋の寄居一家・森田信一親分のところにワラジを脱いだこともあったという。

帰郷後、太田は炭鉱を経営していた地元の代議士に見込まれ、炭鉱で働くようになった。毎日、荒くれ作業員たちの喧嘩三昧が絶えないなか、ある日、経営者の代議士が太田少年に、

「おまえなら統制とれるだろう」

と炭鉱の経営を任せてしまったのだという。

かくて十八歳にして、年上の荒くれ作業員六十数人を統率して現場を仕切っていたというのだから、その器量は並ではない。

そして昭和三十五年、二十六歳のとき、「太州会」の前身である「太州商会」を設立した。

もっとも、正式な旗揚げこそこの年だが、実際は十八歳で炭鉱を経営していたとき、すでに「太州商会」の名を使っていたという。

太田はこう語ってくれたものだ。

「そんとき、田川はじめ筑豊一帯には極道者が群雄割拠しとったわけです。当時、私は二十六歳ですね。『太州会』でも良かったんですが、大きな組もあったから、『おまえが〝太州会〟ちゅう会を打ちだすと刺激が強い。昔から〝太州商会〟という名前があるんやき、それでいかんか』という人もおったんで、そのまんま『太州商会』を使ったんです。だから、昭和三十五年に『太州商会』を正式に旗揚げしたときには、もう代紋もあったんです」

つまり、二十六歳で正式に「太州商会」を設立したときが、実質上の渡世デビュー、組名のりといってよかった。いうまでもなく、『太州』とは自分の姓名を一字ずつとったものである。

「精神ロープ」で若衆を鍛錬

太州商会は興行や白タク、炭鉱、クラブ経営など、さまざまな事業に取りくんだ。ちょうど第一次プロレスブームの真っ最中で、人気絶頂であった力道山を招いて、九州で初めてプロレス興行を成功させたのも太州商会であった。

当時、荷代（ギャラ）八十五万円に対して、売り上げは千二、三百万円あったというから、かなりの収益であったことがうかがえる。まだ一万円札が発券されていなかったころのことなので、ほとんどが百円札だった。そのため、札束がかさんでリンゴ箱などに足でギューギュー押し込んでも納まりきらなかったというほど客が入ったという。

こうして経済的基盤を確立させ、田川において確固とした地盤を築いていき、昭和四十八年にはついに「太州商会」を「太州会」と改めた。名実ともにヤクザ社会公認の組織となった。

昭和五十年代には筑豊をほぼ平定、太州会一本の地域としたのである。

それまでの筑豊は、代紋を異にするヤクザ組織が乱立しており、この地区を統一するのは不可能といわれたものだ。が、その不可能を可能にした男が、太田州春であった。

その分、統一までの道のりは並大抵のものではなく、幾多の熾烈な抗争を体験しなければならなかった。

とくに昭和五十六年から足かけ三年にわたる某組織との抗争は、九州ヤクザ抗争史上にもかつて例を見ないほどに熾烈をきわめ、武闘派・太州会の名を遺憾なく天下に知らしめた。

昭和五十七年七月、太州会は鉄壁の要塞を構える相手本部事務所にブルドーザーに乗って殴り込みをかけ、五十数発の銃弾を浴びせたというのだから、すさまじい。

抗争に至るまでは、〝筑豊の竜虎〟といわれるほど勢力が伯仲していた両組だったが、相手組織はその後、組長の逮捕などもあって壊滅状態に追いこまれた。

結果、双方に数十人にのぼる死傷者を出した抗争は、和解、手打ちのないまま終結に至ったのである。

筑豊を平定するまでの太州会の試練は大変なもので、太州会がらみの熾烈な抗争は二、三の例に留(とど)まらず、多くの人間が体を賭けた抗争の終結後は、福岡県警から徹底して狙い撃ちにされたのだった。

しかし、太州会の結束は微塵も揺るぎなく、その絆はますます強まっていったといわれる。田川という土地の独特の風土、気質がその組織力、結束力の強さを育んでいるといえる。

その基盤となっているのは強力な一家意識であり、若い衆に対するしつけ、教育の厳しさである。

いまは行われているかどうか定かではないが、本部事務所二階道場の〝精神ロープ〟は、つとに知られているところだった。船の艫綱（ともづな）よりひとまわりも太い特製のロープで背中に一撃を加えるというしつけで、その痛さは指詰めの比ではないという。場合によっては十発、二十発と背中に打ちおろされる。

このロープ打ちの体罰は、

「父母から授かった大事な身を、指詰めなどで粗末にしてはいかん。けじめをつけるのなら、別の方法がある」

との見地から太田州春によって考案された教育方法だが、太州会組員であれば誰もが一度や二度は体験しているといわれたものだ。

一撃を食らうだけで並みの者なら卒倒してしまうほどのきつい体罰で、血染めのロープがその歴史を物語っていた。

夢枕に立った母が救った命

太田州春は男三人、女七人の十人兄弟の長男。その家族愛は有名である。

弟からは、

「兄貴、オレは一所懸命働くから日本一の極道、男になってくれよ」

といわれ、母親からは、

「殺されるより殺せ。殺されりゃ帰ってこんし、殺しゃ帰ってくる」

といわれ続けてきたという。

この母は、農家に嫁いできて、「どてら婆さん」の異名があるほど女傑として知られ、太田も多大な影響を受けたという。

「お袋の愛情ちいうのは、ワシが街へ出るでしょ。いまはせんけど、若い時分にワシはいつもカミさんに匕首預けてたんです。それを忘れてワシが街へ出るでしょ。そうすると、お袋が、『今日は州春、忘れてる。すぐ持ってってやれ』ちて、ほいで持たすわけですね」

こういうエピソードを、太田は語ってくれたことがあった。

また、こんなこともあったという――。

太州会がまだ筑豊を平定していなかった時期、いろんな組織が入り乱れて戦国時代の様相を呈し、いつ抗争事件が勃発してもおかしくなかったころの話だ。

その時分、太田は飯塚のオートレース場へ毎日通って、カスリをとったり、シノギの場としていた。その日も、オートレース場へ行こうとしたときのことだ。

家に祀ってある守り本尊の不動明王に手をあわせようとしたところ、いつもの場所になかった。すると、妹がいうには、

「夜中に死んだお母さんが枕元に立って、『不動明王を洗え』といった。だから、朝起きて不動明王を池で洗ったところ、池のなかへ落としてしまった。そして真っ二つに割れてしまった」

ということだった。母の夢枕のお告げで不動明王を洗ったところ、落として割ってしまったというのだから、太田は怒った。

「貴様、何寝言こくか！」

と妹を怒鳴り、結局そんなことがあったから、太田は不吉なものを感じてその日のレースには出かけなかった。それが結果的に、太田の命を救うことになったのである。

「そしたら、ある人から『おまえ、何かしとりゃせんか』と電話が入った。何でもその日、ある組織がワシの命をとるといって、二、三十人がレース場へ行っとるわけです。うちがとりよるカスリを自分らのカスリにしようとして、ワシを殺るつもりで

レース場へ押しかけてきたんですよ」

太田は、危うく一命をとりとめたわけだ。

「そりゃまあ、偶然の一致といえばそうかも知れんが、ワシはそれからすぐ不動明王を祀って、前の不動明王はお寺に預けたんですよ」

不動明王が身をもって太田に難を教えたということだろうが、それ以上に、偉大なる母の力が命を救ったということかも知れない。

ユニークな人柄示す〝語録〟

この太田を育んだ亡き母と、太州会のため体を賭けて斃れていった先人たちを祀るために建立されたのが、「太州会の碑」で、本部近くに、すべて大きいものを好んだ太田にふさわしい壮大なスケールで建っている。

太田州春語録を紹介してみよう——。

「せがれは、いま医大に行きよって五年生（当時）ですから、あと十年もすりゃ医者になるでしょ。『おまえは親子四代、同じところに育ったんや。儲かっても儲からんでもいいから、ここで医者をせえ。お医者をして、この村の者でん診てやれ、太州会の若い衆を診てやれ』と、こういうとるんです」

「ワシは、子どもを医者にするちゅうことが夢やったんです。ヤクザ者ちゅうんは、親の跡とってもこれは（よほどでないと）でけんですよ。また、事業は天運・地運がなければ成功せん。なんぼ頭が良くても才能があっても、なんぼ努力家でも天災・地災には勝てん。そういう強運を持たん者に、なんぼ事業さしても伸びん。だから事業もさせん。それにワシの子どもは法律家にはなれんでしょ。なれるのは、もうお寺の坊主か医者しかないと思うた。坊主もなられんしね、家系があるから。そうすると、残ったんは医者しかない。で、ワシの子どもに、おまえ、医者になれ、医者になれ、ともう二つぐらいのときからいっとった」

「うちのせがれは親を尊敬するですよ。ワシ、パクられるでしょ。刑務所に電報来るとですよ、ワシの誕生日の一月十日に。五十歳のときには、『偉大なる五十歳の生涯に敬意を表します』というもんだった。ほいやさき、親父、長生きしてくれち。まだ当分、すねかじりますとくるよるですよ。だから、かじれ、と。まあ、日本一悪い環境で、一番いい格好で行きよるじゃないですか」

「ワシの人生哲学は、オレは死んだって、おまえら泣かんような死にかたするぞ、ち。

親父はいいたいことといって死んだんやし、やりたいことやって死んだんやき、もう親父は悔いはなかろうち。みんながね、あのときあれさせりゃよかった、あれ食わせりゃよかったたち、思わんような死にかたをしてみせるち……。その代わりオレはしたいことする。どぎゃあんことでもする。まず、しよるわけです（笑）」

この太田州春が世を去ったのは平成十一年四月のことである。享年六十五だった。

第十五話　戦後の混乱期「組員一万人」を誇った大親分

関根賢

（関根組組長）

数多くの名士が喜寿を祝う

昭和五十年五月二十日、東京・銀座東急ホテルにおいて、著名政財界人から大物親分衆まで約六百人が参列する盛大な喜寿祝賀会が催された。

皆の祝福を受けた主役の名は、関根賢。戦前から戦後にかけて関東を中心に東日本一帯に強大な勢力を張り、〝関根組にあらずんばヤクザにあらず〟とまで謳われた元関根組組長、その人であった。

司会者に促され、祝辞を述べるためまずマイクの前に立ったのは、東急社長の五島昇であった。

「……関根の親父さんは、戦争前なら人間国宝になっていたかも知れません。この親父さんと同じで、うちの親父もいささか荒っぽいとこがありまして、半面、その荒っぽさがゆえに、おそらく非常に人間的な深みとか情の厚みがあったと思います。片や、事業を制覇した五島慶太……〝強盗慶太〟といわれても、その強盗といわれるのを自分で楽しんでました。おそらく関根の親父さんもその心境だと思います。

その関根の親父さんが七十七になって、立派に栄えていらっしゃるのを見まして、後輩である私も、この立派な生きかたにひと言お祝いを述べたく参上したのでございます……」

続いて小田急電鉄会長の安藤楢六が、発起人の一人として祝辞を述べ、その後も何人かの来賓の挨拶があって、それが終わると、最後はいよいよ関根がお礼を述べる段となった。

関根はあくまで矍鑠としており、背筋をピンと伸ばしてマイクの前に立つと、一語一語をかみしめるように話し始めた。

「……私はいまでも若いような気持ちでございますが、七十七の人生を顧みますと、ただただ今日まで事業一筋にやってきただけでありまして、なんのお役に立つこともなく過ごして参りました。なお、馬齢を重ねるだけと深く反省し恥じいるばかりでございます。それにもかかわらず、先ほどからお誉めの言葉をいただき、誠に感激ひとしおであります。

しかしながら、私は喜寿を迎えたからと申しましても、気持ちのうえではまだ若き青年というつもりでおります。お祝いをしていただいたからといって、このまま庭木を相手に暮らす気持ちは、毛頭ありません。今後は、及ばずながら次の世代を担う若い人たちの礎となり、力をつくしていきたいと思うのであります……」

喜寿とは思えぬ関根の覇気あふれた言葉に、会場からは万雷の拍手が沸き起こった。

関根賢は明治三十一年一月二十日、群馬県前橋市に生まれた。父は学校の校長をしており、もっと遡れば、関根家は千二百石の武士の出であった。兄に民政党院外団常任幹事の実、弟に関根組副組長になる時雄、カタギで裁判所勤めの俊雄がいるという家系だった。関根は中学を卒業すると、兄の実を頼って上京、土建業の世界へと足を踏みいれている。

やがて持ち前の腕と度胸、侠気とをいかんなく発揮して売りだしていき、それが全国の土建業界に名を馳せた半博徒の大親分・河合徳三郎の目にとまり、その配下となったのである。

GHQに狙い撃ちされて……

河合は大正十年、大日本國粋会の向こうを張って、全国の土建系の親分を総結集して、総勢数万人といわれた大和民労会を組織している。大和民労会は、政友会寄りと見られた大日本國粋会に対して、民政党に近かった。そのため、両者はたびたび衝突を起こすが、そんなとき真っ先に日本刀を手に飛びだしていくのが、若き関根賢であったという。

そんな関根が関根組を結成するのは昭和十一年ごろのことで、東京の江東区、墨田区方面の博徒、愚連隊を糾合して、墨田区向島二丁目に土建業の「関根組」の看板をあげた。

そしてたちまち勢力を伸ばし、都内の全域に浸透、近県にまで進出するに至った。大東亜戦争が始まると戦時体制への移行で、活動はもっぱら鉄・銅資源の収集など軍関係に協力することに集中したが、敗戦とともに再び活発な活動を再開する。

〝軍治〟の異名をとって組を陣頭指揮していた藤田卯一郎を筆頭に、副組長の関根時雄以下、久野益義、田山芳徳、木津政雄、和泉武志、小林清といった最高幹部を中心に関根組は驚異的に勢力圏を拡大していくのだ。向島、下谷（したや）を拠点に全東京に勢力が及び、組員総数一万人ともいわれた。

ニューヨーク・ポスト特派員のダレル・ベリガンは、昭和二十三年八月に刊行した『やくざの世界――日本社会の内幕』（近代思想社）のなかで、関根賢をこう書いている。

《関東一円に散る子分は一万と称し、土建業を表看板に工事場での恐かつ、いやがらせ等で私腹をこやすとともに、向島の「鳩の街」を牛耳っている淫売団（売春組織）を組織していた。一九四七年七月八日、恐かつの嫌疑で手入れにあった際逃亡、情婦とにげまわり、八十五日目に自首して出た。この間、警察と関根とのなれあいといわれて鋭く世論の攻撃を受けた。事業場建設の際には、吉田茂自由党総裁、鳩山一郎等自由党関係から花輪がおくられたりしたことがある。四月選挙の際には自由党候補者を後援した》

日本の民主化を妨げている最たるものは封建的家族制度、つまり〝親子関係〟だという基本認識のもとに書かれたものだけに、ヤクザに対する見方もきわめて独善的で悪意に満ち、表現も辛辣である。

こうした見方は、このニューヨーク・ポスト特派員だけのものではなく、ＧＨＱにおいても同様で、彼らは、日本のヤクザ組織を封建的な家長制度のウラ社会版と見て、内務省警保局を通じて国警本部に、親分衆の一斉検挙と組織の壊滅を強く指示していた。

真っ先にその対象とされたのが、巨大化していた関根組であった。

たまたま敗戦のどさくさで木津政雄が隠匿していた航空機用機銃が発見され、組長の関根賢以下木津ら幹部が根こそぎ逮捕されて、軍事裁判の結果、全員が有罪となったのだった。

その際、関根は逃亡し、情婦と逃避行の果てに八十五日目にして警察に自首した――と前述のダレル・ベリガンは書いたが、関根にすれば、逃げているという意識はさらさらなかった。

刑務所へ行く前の挨拶まわりのつもりでほうぼうを訪ねているうちに、行く先々で引き留められ、一日が二日になり、二日が三日になってズルズルと延びてしまったのである。その間、追われる者の心境とは程遠く、魚釣りをしたりして悠々自適の生活を送っていた、というのが本当のところだった。

解散後に再建された松葉会

昭和二十四年六月、関根組はＧＨＱによる団体等規正令の適用を受け、解散を余儀なくされた。

関根賢は小菅刑務所を出所すると、間もなくして隠退を決意、関根建設社長として事業一本に転じるべく、後事を託した藤田卯一郎にはその旨をうちあけていた。

藤田は満を持して、昭和二十八年三月、久野益義、田山芳徳、木津政雄、和泉武志、武井紀義、山中吾一らと図って「松葉会」を結成する。実質上の関根組の再建であった。

その名称は、関根賢の親分にあたる河合徳三郎の家紋が松葉だったことから、故人の遺徳を偲んだものだった。

藤田の、関根賢に対する孝養のつくしかたも、並大抵のものではなかった。

戦後、関根が東京・葛飾の立石に移り住むと、藤田もその近くに居を移している。いつ何どきでもすぐに駆けつけられるところに身を置いて、どこまでも親分に奉公したいという一心からに違いなかった。

関根は昔気質の頑固な親分であったから、外出の際も、若い者のつきそい、ガードでついたりするのを何より嫌って、もしそういうことをしようものなら、

「バカヤロ、一人たりともついてきたら承知しねえぞ」

と厳しくいい渡し、決して若い者を連れ歩かなかった。

そこで藤田は、関根には知られないように、その後ろを一定の距離を置いて黙ってついて歩くことにした。関根が外出のたびに、他の誰にも任せず、藤田自らがそれを

実行に移したのである。

祭りの日、関根は夫人を伴って自宅を出る。その後ろを気づかれないように、藤田はあたりを充分に警戒しながら慎重についていくのだ。

夫妻が家路につき、無事に自宅にたどりつくのを見届けるのが藤田の役目であった。関根は関根で、藤田がそっとあとをついてきて、それとなく自分をガードしていることなど、とっくにお見通しであった。それでいて知らんぷりを通したのである。

わが家の玄関にたどりつき、戸を開けてなかへ入ろうとした刹那、関根は後ろを振り向きもしないで、

「御苦労」

と右手を挙げた。藤田への合図であった。

「親父さん……やっぱり気づいてなすったんですね」

藤田は、それが自分に向けられた労いであると知って、驚いた。

以後、それは関根の外出のたびに繰り返される光景になった。帰宅して玄関に入る寸前ひょいと片手を挙げて後ろの藤田に合図する。そのとき、決まって関根の口をついて出るのは、「御苦労」の言葉だった。

藤田はその背に黙って頭を下げた。阿吽（あうん）の呼吸というしかなかった。

関根と藤田の麗しき「親子」愛

関根は、極東の名づけ親であり、今日の極東会の始祖である関口愛治とは兄弟以上の親戚づきあいをしていた。二人が親戚の縁を結ぶいきさつというのも面白かった。

あるとき、関根は、かねて交流があってその人物と器量を高く買う関口に対して、

「兄弟分になろうじゃないか」

と持ちかけた。

関口にすれば、先輩であり、音に聞こえた天下の関根の申し入れは、名誉このうえなかった。が、その話を断ったのは、関根組の幹部の一人に、昔からの兄弟分がいたためだった。

関根と兄弟盃を交わせば、その古い兄弟分を見くだすことになるし、関根の値うちをも下げかねなかった。

一方、関根とすれば、理由をいわずに断る関口に対して、

「何が気にいらないんだい」

と甚だ面白くなかった。

ところが間もなくして、よその親分で、その理由を教えてくれる者があった。

そこで初めて事情を知った関根はいたく感心し、

「なるほど、やっぱりオレが見込んだ通りの人物だ。兄弟分がまずいというんであれば、ぜひとも親戚になろうじゃないか」

と、ますます惚れこんでしまったのである。

その申し入れには、今度は関口も喜んで応じ、かくて親戚固めの盃を交わすことになったのだった。

以来、二人が顔をあわせる機会があって、関口が、

「こんにちは」

と挨拶すると、関根は、

「よう、親戚！」

と応えるのがつねだったという。

関根組を再建した〝軍治〟こと長男格の藤田に先立たれた関根は、葬儀のときこそ何事もなく弔問客に応対したが、後日、長年にわたり藤田に仕えた側近を食事に呼ん

で慰労した際には、

「あいつがもう少し生きていてくれたらなぁ」

と男泣きに泣いたという。

その関根賢が世を去ったのは、喜寿の祝いの二年後、昭和五十二年九月五日のことである。戒名は賢徳院厚仁義徹居士位であった。

第十六話　信心深いドンにして古風な〝近代ヤクザ〟

石井隆匡

（稲川会二代目会長）

「仏心なき者は人にあらず」

稲川会二代目会長の石井隆匡が、入院先の東京・信濃町で脳梗塞のため死去したのは、平成三年九月三日午後六時過ぎのことである。享年六十七だった。

石井隆匡といえば、今日の稲川会を築きあげるうえで多大な貢献を果たし、亡くなる前年十月に引退するまで、わが国任侠界のドンの一人として君臨したことはよく知られている。

翌四日、横須賀市小原台にある自宅で営まれた仮通夜には、五代目山口組の渡辺芳則組長、元一和会の山本広会長らが相次いで弔問。続いて五日には東京・大田区の池上本門寺で通夜、六日には午後一時より告別式が行われた。通夜、葬儀には、友人や知人、事業関係者、全国各地の親分衆など、会葬者はざっと一万人にのぼった。さしもの広い本門寺の境内も車や人でいっぱいとなったのである。

弔辞を述べたのは、当時の稲川会横須賀一家の桜井盛也総長代行で、

「……故人は昭和という激動期を生き抜き、輝かしい功績を残し……」

との言葉が、上空で取材する報道関係者のヘリコプターのけたたましい音の合間を縫うように響いた。

石井隆匡はこのころ、証券業界最高首脳の国会証人喚問まで引き起こした「東急電鉄株買い占め騒動」の主役として、株疑惑の渦中にあり、まさに「時の人」であった。マスコミが最も注目する人物でもあったのである。

だが、背筋がピンと伸びた、この古風な〝近代ヤクザ〟は、一切を黙して語らず、最後まで毅然とした態度を崩さず、従容（しょうよう）として死に就いたのだった。

故人とは十年来の友でもあったという、四代目会津小鉄高山登久太郎会長は当時、本書の取材に応じこう追悼を述べている。

「互いに人間としての器量を磨くことをモットーに、切磋琢磨（せっさたくま）、励ましあってきた間柄だった。渡世ではもとより、社会人としても立派な常識派で、つねに正々堂々の生き方を心がけていた人物だった。

また、故人は信仰心に篤い人で、よく〈仏心のない者は人にあらず〉との言葉も口にしていた。故人の人柄の一端を偲ばせるものだろう。侠（おとこ）としても傑出した人物だったと思っている。いまは、心からの冥福を祈りたい」

石井隆匡は大正十三年一月三日、東京府北豊島郡南千住町で生まれた。両親は石井が生まれて間もなく神奈川県横須賀市に移り、そば屋を開業した。母親は日蓮宗の寺の生まれで、後年の信心深さの遠因はこのへんにも求められるかも知れない。

旧制鎌倉中学（現・鎌倉学園高等学学）へ進んだものの、三年生のとき、修学旅行先の三重県での地元チンピラとの喧嘩がもとで中退を余儀なくされた。

その後、戦争が激化した昭和十八年ごろから横須賀海軍工廠（こうしょう）で工員として働き、翌十九年、二十歳のときに横須賀の海軍通信学校に入学。同期二百人中トップクラスの成績で二十年春、八丈島の人間魚雷「回天」隊の通信兵となり、終戦を迎えた。

敗戦の年の暮れに復員し、戦後の混乱のなかでヤクザ渡世に身を投じ、配下の不良グループを率いて地元の石塚義八郎という親分の若い衆となる。石塚は、〝横浜四天王〟の一人で〝ニッケルの照〟の異名をとった有名な笹田照一に連なる親分の一人だった。

やがて石井は石塚義八郎の代貸となり、確固とした地盤を横須賀に築いていく。

稲川会三代目の育ての親

昭和三十三年には、現在の稲川会・稲川聖城総裁の一門となった。当時の稲川会最高幹部と兄弟分の縁を結んだのがきっかけといわれる。

そして昭和三十八年、名門である横須賀一家の総長に就任した。昭和四十四年には、横須賀市に建設会社「巽産業」を設立。神奈川県の指定業者となり、企業経営志向を鮮明にし、〝経済ヤクザ〟への道を歩み始めた。

やがて稲川聖城会長（現総裁）に次ぐナンバー2の理事長となり、その座を長くつとめて、昭和六十一年五月、稲川会の二代目会長を継承したのだった。

熱海の稲川会本家で行われたその二代目継承盃は、いまでも語り草となっている。北は北海道から南は沖縄まで、全国の数多いヤクザ組織のトップ親分衆が招かれ、さながら代紋見本市の観があったほどだ。その後、ヤクザ社会は激動期を迎え、全国的な再編の波に洗われて広域組織の系列化が進んで多くの代紋が消えただけに、あれだけ全国の代紋頭がそろった代目盃というのも、おそらく最後であったろう。

この石井隆匡に寄せる稲川聖城総裁の信頼は大きかった。実子の稲川裕紘（のちの三代目）会長をヤクザ修業のため石井のもとに預けたことからも、それはうかがえよう。

父と同じ道を志した稲川裕紘会長は、十九歳のとき、石井が率いていた横須賀一家に預けられた。石井総長邸での部屋住み生活からヤクザ渡世の修業を開始、八年間にわたって厳しい修練を積み重ねたという。

「石井前会長は、それこそ遠慮なくビシビシと裕紘会長を鍛えたといいます。自分の親分の実の子どもだからというので、甘やかしたり、えこひいきするというようなことはかけらもなかったと聞いてます。むしろ他の若い衆以上に教育し、総裁が望むような形で仕込んだわけです。いってみれば、〝帝王学〟ですね。裕紘会長は、雑巾がけから始まるヤクザの本筋の修業を積んだわけです」

とは消息通の弁である。

そして稲川裕紘会長は期待を裏切らなかった。厳しい修業に耐え、持って生まれた素質と器量、努力とでメキメキと頭角を現していった。

やがて稲川一家の総長となって大所帯をまとめ、稲川会の副理事長となり、さらに本部長、理事長と昇格し、平成二年十月には稲川会三代目会長の座に就いたのである。

そこには、

「立派に育った。もうあとを任せても大丈夫だ」

という石井のお墨付きがあったのはいうまでもない。

稲川裕紘会長も、

「オレには二人の親がいる。生みの親（稲川聖城総裁）と育ての親（石井前会長）だ」

という言葉を、つねづね周囲に漏らしていたという。

高僧のような服役中の態度

一方で、前述の故高山登久太郎の追悼の弁にもあったように、石井の神仏への信心の篤さは有名だった。

「全国何百カ所の神社やお寺のお札をハラマキに入れて、肌身離さず持っているんです。それと毎月一日と十五日の成田山詣で、あるいは菩提寺（ぼだいじ）、若くして没した若い衆の墓参りは、病気になるまで欠かしたことはなかったですよ。成田山へ行くときは、夜中に家を出て十何カ所のお寺をまわるんです。その際、それぞれに一万円ずつのお賽銭（さいせん）を入れているからびっくりします。若い衆の墓参りにしても、それは熱心にやられる人でした」（カタギの知人）

石井は昭和五十五年、会社社長らを韓国賭博ツアーに誘っていかさま賭博で得た二億円を取りたてたということから、警視庁捜査四課に逮捕され、懲役五年の刑に服している。このときも石井は否認もせず、黙して語らなかった。

「石井前会長が一切泥をかぶって、誰にも波及しないように、五年間の懲役をつとめたのだともいわれてます」

とは、事情通の話だ。

このとき、石井の服役先は長野刑務所だったが、毎朝、起床時間より一時間早い五時に起きて、読経を欠かさなかったといわれる。

「とにかく、あれほど信仰心の篤い人をほかに知りません。ヤクザのなかには信仰深い親分もいますが、別格です。『石井会長はヤクザにならずに僧侶になっていたら、いまごろ高僧で通っていたんじゃなかろうか』なんてことをいう人もいたくらいですからね」

とは、関東の某親分の弁だった。

石井は稲川裕紘に跡目を譲ると、自らはきっぱりと引退の道を選んだ。その引退を惜しむ声と同時に、引き際の見事さを称賛する声が各方面からあがったのは、記憶に新しいところだ。

思えば、このころから、すでに石井は脳梗塞という病魔に侵されていたのだった。

「外国で倒れて日本に戻り入院したのだが、亡くなる四カ月ほど前、五月の連休明けごろから容態が急激に悪化していた。ごく限られた人だけが見舞いに来られたが、目で反応するくらいでね。手を握っても、握り返すこともできなくなっていたらしい。五代目山口組の渡辺芳則組長からは、それこそ何回も見舞っていただいた。大変ありがたいことで、石井前会長にしても、嬉しかったと思う」（稲川会関係者）

石井隆匡は任侠界でリーダーシップを発揮する傍ら、東京・麹町に「北祥産業」を構えた。昭和六十一年には野村、日興両證券会社に取引きの口座を開設、新日鐵や三井金属、ＮＴＴ株などを多数購入、茨城のゴルフ場「岩間カントリークラブ」のオーナーになるなど、経済活動に意欲的だった。

稲川裕紘会長に跡目を譲ったあとは、事業一本に専念する構想を早くから抱いていたといわれる。

任侠人のあるべき姿を顕示

だが、病魔によってその志は果たせず、さらに東京佐川急便による巨額債務保証事件が発覚、それが証券界に飛び火して、「東急電鉄株の買い占め騒動」の真っ只中で石井は病死したのだった。

「石井前会長という人は非常に寡黙な親分でね、古風な昔気質の博奕打ちそのものというタイプの人でしたね。表面に出ることを極力嫌ってね、日陰の道を歩く者が表面にシャシャリ出ちゃいけないんだということを実行した人でした。ですから、多分今度の証券問題に関する世間の騒動は、御本人にすれば不本意極まりないことだったと思いますよ。

ただ、不幸中の幸いというか、御本人はそうした騒動のことは何も知らなかったと思います。テレビを見たり、新聞を読んだりできる状態じゃなかったと聞いてますから。まあ、何にしろ、石井前会長という人は他人のために泥をかぶるのを厭わなかった人ですから、今度のことも、お元気であったとしても何も喋らなかったと思いますよ」

と、当時、語ってくれたのは、ある事情通だった。

昔気質の古風な博徒らしい博徒であった半面、〝経済ヤクザ〟の走りともいわれるような近代性とが同居した親分でもあった。無類の読書好きで、多分にインテリジェンスの感じられる人だった。

外見も一八〇センチの長身で痩せ型、ロマンスグレーの大学教授という印象さえあった。石井を知る人は一様にこう口をそろえるのだ。

「いや、外見だけじゃないですよ。もの静かな紳士でね、ヤクザっ気などまるで感じられません。それが装ったものじゃなくてね、地なんですね。根っからの紳士なんです。言葉づかいも丁寧だし、所作や立ち居振るまいすべてを見ても、ヤクザの匂いがしなかった人ですよ。そりゃ、もちろん芯はきつい人なんですけどね。カタギの人からの信頼も絶大なものがあったですよ」

石井が侠道界で果たした功績も誠に大きかった。たとえば、警察当局をして「ヤクザ抗争史上最大にして最悪」といわしめ、市民を震撼（しんかん）させた山口組と一和会との「山一抗争」のときも、その終結に向けて奔走した一人が石井であった。

稲川会幹部は、

「ひと言でいえば、忍耐の人だったといえるのではないか。自分の置かれている立場立場で一瞬一瞬を精一杯頑張る。そしてあとは黙って耐え忍ぶ。つねに側近の者たちにいってたのは、『辛抱さえしていれば必ず花実が咲く』という意味のことだった。また、熟慮の人でもあったし、何よりも冷静な人だった。頭の回転も速かった」

と評している。

これからのヤクザは正当な税金を払って、合法的な資金で合法的に稼ぐべきであり、そのためにも政治経済にも目を向け、国際的な視野を持つべきだ――とは、石井隆匡の持論でもあったという。

第十七話　〝御大〟と畏敬された北海道のドン

小高龍湖

（会津家小高初代）

日本刀を手に単身殴り込み

北海道ヤクザ社会はかつて、テキヤの金城湯池であった。テキヤ人たちは開拓期から根づいて、北海道に一大地盤を築き、長い間、他の地域には見られないような独特のテキヤ王国を築きあげてきた。

北海道で最初に根をおろしたテキヤは、源清田長江一家を興した長江外衛といわれる。明治の中ごろには確固とした地盤を築いていたという。

この長江の系譜に連なる者が、北海道で大きな勢力を持った。まず長江の舎弟となり〝新谷三兄弟〟の長兄として全道にその名を馳せたのが、源清田新谷の家名を立てた新谷藤作で、札幌を庭場にして北海道神農界の中心的人物となった。

そして、この新谷藤作の舎弟となって札幌に根をおろしたのが、「北海道にその人あり」と知られた会津家の小高龍湖であった。

小高龍湖は石川県の出身で、本名を孫吉といった。テキヤ稼業に身を投じたのは早く、会津家の某親分のもとで、もっぱら大道での〝大占め〟を学んだ。

〝大占め〟というのは、ガマの油売りのような啖呵とパフォーマンスで多数の人を惹きつけ、薬草類や催眠術の本などを売るテキヤの代表的な商法の一つ。大きく場所を占有するのでこの名がついた。

小高は長じて上京し、修業を積んでいたがちょっとした稼業上の〝マチガイ〟から東京を離れるハメになった。いったんは秋田の兄貴分・野本昌一を頼ったが、のちに札幌へと渡った。大正六年夏のことだった。

小高が札幌へ渡ったのは、サーカス巡業の先乗りのためともいわれるが、やがて当時の当地の実力者、新谷三兄弟の長兄・藤作と縁ができる。一家の若い衆とのささいないさかいがきっかけだった。

多勢に無勢でさんざん痛めつけられた小高は、報復の念に燃え、日本刀を背に新谷の事務所に単身で殴り込んだのだ。

その度胸に新谷藤作が惚れこみ、小高もまた新谷藤作の人物の大きさを知った。かくて小高は新谷藤作の舎弟となり、次弟の円助、三弟の実と五分の兄弟分となったのである。以後、小高はメキメキと売りだしていき、道内きっての実力者となる。

どの地域でもそうだが、北海道においてもテキヤの黄金期が花開くのは戦後である。その北海道テキヤが黄金期を迎えるにあたって乗り越えなければならなかった最初の関門こそ、昭和二十二年九月十日に起きた〝津別事件〟であった。

同日午前九時ごろ、網走や北見に近い網走郡津別町の津別神社の祭典で、日本人テキヤ数名が〝ドッコイ〟と称する賭博行為を行っていると、酒気を帯びた札つきの不良朝鮮人が「インチキだ」とけなしたことから喧嘩となった。それでも仲裁人の介入により、事態はいったんは収拾の方向に向かう。

しかし、夜になって再び事態はこじれ、朝鮮人側ではこの旨を北見市の朝鮮支部に急報、応援を求めた。そこでトラックやハイヤーで駆けつけた四十余名の朝鮮人と、これを津別と活汲間の鉄道踏切で待ち受けた約八十名の日本人テキヤとが、こん棒、匕首、竹槍などで入り乱れての大乱闘となったのである。

この結果、朝鮮人側に死者二名、重軽傷者三十五名、日本人側に重軽傷者二名を出す大事件となった。これが世にいう〝津別事件〟である。

「津別事件」を裁き男をあげる

この抗争事件で、旭川飛行場を飛びたった米軍機が津別の上空を二時間あまり威嚇飛行することによって、津別での二次抗争は避けられた。

だが、再激突の地は北見に移され、双方の助っ人が全道から続々と北見に駆けつけてきた。

このとき、事態の収拾に奔走したのが、小高龍湖であった。

小高は事件を知るや、兄貴分の新谷藤作らと対応策を練り、抗争終結に乗りだしたのである。

小高はその仲裁役をなんと占領軍の米軍将官に依頼して引き受けさせると、ただちに北見に飛んで庭主（高市の世話人）の武野一家行田二代目出村増次と会った。その旨を出村に話し、市内の天恵寺に集結した百人あまりのテキヤ部隊を解散させるに至ったのだ。

その占領軍将官が臨席した双方の和解式が北見警察署会議室で行われたのは、それから間もなくのことであった。こうして小高の奔走が功を奏し、山間の街を震撼させた津別事件にピリオドが打たれたのである。

小高龍湖の名を有名にしたのは、ボクシングを中心とするアマチュアスポーツ界への尽力と貢献である。北海道のアマチュアボクシング界をまとめて連盟をつくり、自ら会長に収まったほか、日本アマチュアボクシング連盟、中央大学ボクシング部、北海道体協の各役員を兼任していた。オリンピックの視察員としても何度か海外に渡航している。

戦前に小高が創立した「北海道アマチュアボクシング連盟」が道体協に正式に加盟したのは、昭和二十四年のことだった。以後、約二十年、北海道ボクシング界は、小高の厳しい指導で〝ボクシング王国〟を形成した——として、スポーツ評論家の藻原覚三は、小高のことを、

「……任侠の世界に育っただけに義理人情に厚く、卑劣な手段を一番憎むところなど、『小高龍湖まだまだ老いず』の感が深い。ワンマンといい、大ボスといい、キャリアからいって彼の右に出る者はいない」（『北方ジャーナル』昭和四十七年十一月号）

と評している。北海道ヤクザ社会でドンであった小高は、アマチュアボクシング界でも〝大ボス〟であったわけだ。

ところで、稼業のほうでも、この小高からは多くの若い衆が育ったが、二人のきわめつきの〝鬼っ子〟が生まれている。

第四話と第五話でも紹介したが、戦後の北海道ヤクザ界に一大旋風を巻き起こした二人の伝説的な道産子ヤクザ——〝雁木のバラ〟と〝ジャッキー〟である。

〝雁木のバラ〟は白昼の札幌ススキノで刺客たちに襲われて三十一歳の若さで世を去

り、〝ジャッキー〟は小高に逆破門状を突きつけて北海道に初めての山菱の代紋を掲げた男として知られる。ともに小高の跡目実子分にまでなった男たちだった。

ボクシング界に大きな貢献

〝雁木のバラ〟は、殺人で最初の懲役刑を受け、五年の刑で服役し札幌刑務所を出所してきたとき、まだどこの一家にも所属していない愚連隊の身であった。

そんなバラに対して、

「この世界でどこまでも生きていこうというのなら、半端な考えじゃダメだ。いまのままの愚連隊じゃ、そこいらのゴロツキと一緒だろ。カタギ衆に対して迷惑をかけない立派な稼業人として、精進すべきじゃないのか」

と説いたのは、札幌刑務所で教誨師もつとめ、バラの親代わりのようにして接していた住職であった。

「はい」とバラは殊勝にうなずき、それから間もなくして会津家・小高の実子分となったのである。

住職をはじめ道内の錚々たる親分衆の取り持ちがあったためだが、親分衆にすれば、厄ネタといわれるバラをいつまでも愚連隊として放置しておくわけにはいかなくなったのだ。

いっそ、北海道のドンである小高龍湖のもとへ預けしっかり監督してもらえば、バラの行状も少しは改まるのではないか――という各親分衆の思惑が一致した結果だった。すでにして、小高はそういう存在であったのである。

バラが小高の実子分となることによって、その筆頭舎弟であったジャッキーも、おのずと会津家一門に連なる身となった。

ジャッキーは小高の鞄（かばん）持ち兼ボディガードに摺擢（ばってき）され、つねにその側に仕えることになったのである。

それは愚連隊生活にのめりこんでしばし離れていたボクシングに、再び深く関わることを意味した（〝ジャッキー〟の異名とて、もともとは米軍将校のつけたリングネームだった）。

北海道アマチュアボクシング会長の小高のお伴で、道内で行われるすべてのボクシング試合に立ちあうことになったからだ。

思えば小高とジャッキーは、不思議な縁で結ばれていたというしかない。二人を結びつかせるうえで大きく寄与したのは、ともに終生関わることになるボクシングであった。

北海道は戦前からボクシング熱が盛んだった。小高が北海道拳闘クラブを創立して自ら会長となったのは、昭和八年のことである。札幌の自宅にジムを開設して、北海道ボクシング協会と改称し、のちの土台を築いた。

さらに戦後、昭和二十一年、北海道アマチュアボクシング連盟と改称し、アマチュアリズムを前面に打ちだした。前述のように、二十四年には道体協に正式に加盟、小高は北海道ボクシング界の草分け的存在として、その貢献度は甚大であった。

“伝説のヤクザ”二人が配下に

当時、札幌には東洋ヘビー級チャンピオンの佐藤某というボクサーがいた。軍隊では、四人がかりで持つ重機関銃を一人で担いで走ったというエピソードを持つ男だった。

だが、さしもの剛拳を誇ったチャンピオンも、最後は哀れだった。酒に溺れ、札幌の市電に立ち向かい、「勝負してやる！」といって体当たり、意識不明のまま半年くらい病院に入院したのちに世を去った。

この佐藤は戦後、三階松系の稼業人とともに、北海道のアマチュアボクシングを統一して連盟をつくる運動をしていた。その会長にかついだのが小高で、その運動は見事、実を結ぶわけである。

では、なぜ、同じようにボクシングに生涯の情熱を捧げた小高とジャッキーとは、稼業上の親子となって折りあいが悪くなり、逆破門状を突きつけるなど激しい骨肉のドラマを演じなければならなかったのであろうか。

ジャッキーも後年、

〈なぜオレは、小高の親父とうまくやっていけなかったんだろ?〉

と、つらつら考えているうちに、

「オレと小高の親父は似すぎていたのかも知れん。だから、かえってうまくいかなかったのかも知れんなあ。反対の性格であれば、ちょうど良かったんだ」

と思いあたることになったという。

晩年の小高はいよいよ貫禄と風格を増し、北海道のドンとして、道内で何か厄介ごとが起こるたび、「ここは小高の御大しかいない」とまとめ役として引っ張り出されることになる。

三代目山口組の柳川組が解散し、旧柳川組北海道支部の動向が取りざたされていたときもそうであった。

「あんな荒っぽい連中を野放しにしておいたんじゃ、この先、何かと揉めごとが絶えない。またぞろ、他の山口組系組織と縁を組まれでもしたら、それこそコトだ。なんとかしなきゃあ」

というのが、道内のおおかたの親分衆の一致する意見だった。そこで北海道の実力親分衆と旧柳川組北海道支部の上の者（石間春夫は服役中だった）との間で話しあいが持たれ、最終的には小高龍湖に一任、とりまとめてもらうことになったのだった。

かくて小高の骨折りで話がまとまり、旧柳川組北海道支部は昭和四十五年、「北海道誠友会」の名称で生まれ変わった。晴れて地元北海道のヤクザ社会から公認された独立組織となったわけである。ただし、その条件として、

「今後、絶対に山口組とは縁を持たないこと」

が念押しされた、という。

この「北海道誠友会」の名づけ親は小高龍湖で、代紋も小高にあやかって、昇り龍

と降り龍をあしらった丸の形になった。

これが、のちに、北海道唯一の壊滅指定団体として道警からマークされる最武闘派組織「初代誠友会」の前身となり、現在の六代目山口組三代目誠友会の源流となるわけである。

小高に関しては、いまもテキヤ界の長老がこう懐かしく振り返る。

「小高という人は竹を割ったような気性で、やはり人を惹きつける魅力のある親分でした。隠居してからは、現役の第一線級の親分衆らから『先生』といわれる存在になってましたね」

この小高龍湖が世を去ったのは、昭和五十七年一月五日のことである。享年八十四であった。

第十八話　新橋闇市の風雲児〝カッパの松〟

松田義一

（関東松田組組長）

水泳教師の過去からきた異名

〝カッパの松〟こと関東松田組初代組長の松田義一は、戦後、東京・新橋駅前に広がった膨大な闇市の利権を一代で掴みとった風雲児であった。

松田は富山県氷見(ひみ)の出身だが、もともとが愚連隊だった。旧制の神田・錦城中学(現・錦城学園高校)時代には愛宕、三田、芝神明、新橋駅周辺を根城とする学生愚連隊のリーダーにのしあがっていた。

中学を卒業後、しばらくは〝兄ィ〟として新橋のサロン「春」の用心棒をしながら、銀座界隈で名を売った。水泳が巧みで、昼間は芝プールの水泳教師を兼ねていたことから、〝カッパの松〟の異名で呼ばれるようになったという。

日中戦争が勃発すると、大陸ブームに刺激されて上海に渡った。そのころ、銀座に事務所を構えていた大和新風大化会(のちに大化会)の岩田富美夫の影響を受け、彼に付いていての上海行きであった。

大陸での消息は明らかではないが、上海にしばらく滞在したあとに北満(ほくまん)を流れ歩いて大連(だいれん)へと至り、大陸ゴロのボスに納まって関東軍に協力していたようだ——との話も伝わっている。

大陸には二年ほどいて帰国後の昭和十六年十月、ちょっとした間違いから上野の日東拳闘クラブ会長の伊藤祐天を斬るという傷害事件を引き起こした。間もなく手打ちとなったが、松田はこの一件で実刑を打たれ、千葉刑務所に十カ月服役するハメになる。

千葉刑務所では、破笠一家入村貞治の若衆で〝佐竹の坊ちゃん〟こと飯村操とともに、五百人からの受刑者の上に君臨し、よく統率し、刑務官からも服役者からも一目置かれていたという。

松田は昭和十七年暮れに出所したが、服役中に最初の妻ルミを肺結核で亡くしている。喪が明けたあとで妻に迎えたのが、ルミの姉の芳子であった。

松田義一亡きあと、その跡目をとり、戦後初の女組長として名を馳せた関東松田組二代目の松田芳子である。

芳子はもともと横浜・山元町（やまもとちょう）の出身で、旧姓を松永といった。芳子は美人として知られるが、妹のルミは芳子にもまして目の覚めるような美女であったという。不良っ気もたっぷりで、腕に〝流れ星〟の文字の刺青を彫り、〝流れ星のルミ〟という異名もあった。

本牧のチャブ屋（外国船員相手の高級遊郭）「東亜」に勤め、つねにナンバーワンの座を保っていたが、プライドも高く、気にいらない客は絶対にとらなかった。

この「東亜」の用心棒をつとめていたのが、横浜の伝説的な愚連隊、〝メリケン武〟こと松永武だった。

メリケン武はスラリとした長身に三つぞろいのスーツを着こなし、ボルサリーノをかぶり、赤茶色に染めたコールマン髭を立て、つねに仕込み杖のステッキを持ち、運転手つきの黒のフォード・セダンを乗りまわす――という不良少年たちをシビれさせるスタイルで、まさに時代の先端を行った。本牧を根城に、ダンスホールやチャブ屋のあらかたの面倒もみていた。

〝カッパの松〟こと松田義一は、このメリケン武とは古くからの兄弟分であった。

現役の毎日新聞記者が相談役

ともあれ、松田は昭和十七年暮れに出所すると、妻の芳子に芝浦で小料理屋を開かせた。が、空襲が激しくなり、彼女を富山・氷見に疎開させている。

自身はしばらく東京に残り、飯村操の世話で浅草三筋町の龍風荘アパートを仮の住まいとしていたが、間もなくして芳子のもとへ引っ込んだ。

やがて日本の敗戦となり、松田が本格的に売りだす季節の到来となった。

戦後すぐに古巣の東京・新橋に舞い戻った松田は、芝西久保桜川町に自宅兼事務所を置き、「関東松田組」を旗揚げする。

松田組のブレーンとなる塙長一郎と約二十年ぶりに再会するのも、それから間もなくのことだった。

塙長一郎は毎日新聞の記者で、のちにＮＨＫの人気番組『二十の扉』のレギュラーにまでなり、最後は毎日新聞紙面委員をつとめた人物である。

塙は新聞記者ながら、関東松田組の参謀格として松田義一、芳子の二代にわたって相談役的な役割を担った。いまでは考えられないような話だが、終戦直後という〝乱世〟ならではのことである。

カッパの松と塙の出会いにも、面白いいきさつがあった。松田が錦城中学時代、学生愚連隊のリーダーとして芝区内で暴れまわっていた時分、塙は毎日新聞社会部記者として警察まわりを担当、愛宕署を守備範囲に持っていた。

たまたまその愛宕署に、不良狩りに引っかかって拘引されてきた一人の異色の中学生グレがあった。

「おい、面白いヤツがいるぞ」

署長が塙に声をかけてきた。

「何ですか」

「一風変わった不良だ。酒も煙草もやらんし、頭もいい。それにガキのくせに妙に筋っぽいヤツなんだ」

という署長の話に興味を持った塙は、刑事部屋でその学生グレと会って話を聞くことにした。

話を聞いているうちに、塙はこの少年の頭の回転の速さに内心で舌を巻いてしまった。

〈なるほど、署長のいう通りだ〉

それが若かりし松田義一――後年の〝カッパの松〟だったのである。

「何か欲しいものはないか」

と聞く塙に対し、

「甘いものが欲しい」

と松田は答えた。そのため、塙は一週間ほど菓子の差し入れをしてやったものだった。

それから二人が再会するのは、約二十年後の敗戦下の新橋である。塙がＮＨＫの録音取材に協力しているとき、二人はバッタリと出会ったのだった。

「これからの時代は、旧態依然のままのヤクザではやっていけません。関東松田組も、近い将来には近代的な商事会社に変えていくつもりです。塙先生のお知恵をお借りしたい。ぜひ、相談にのってください」

松田は塙に懇請した。

関東松田組の事務所を新橋に置いて、新橋制覇の野望に燃えたった松田が、力によって新橋駅前の露店市場を一手に押さえるまで、そう時間はかからなかった。

その先頭に立ったのは、千葉刑務所時代に松田に惚れこんで若い衆となり、関東松田組に馳せ参じた命知らずの精鋭たちだった。

新橋はよその地域と違って、テキヤのほうは戦後、一種の混乱地帯となっており、戦勝国民と称する連中が多数入りこむなど、庭主の統制がとれていなかった。それだけに関東松田組のような愚連隊が介入するのも可能であったといえる。

松田は関東松田組の名で新橋露店市場の制圧にかかり、統制下に入ることを拒んで牙をむいてくる者に対しては、容赦なく力でねじ伏せていった。

配下総勢二千人を統率

かくて新橋駅前の広大な露店市場（約千三百店）は、ほぼ関東松田組の軍門にくだった。つまり、駅前の闇市は関東松田組の庭場となり、露店からのカスリやショバ代を集める支配権を獲得するに至ったのである。

そうした庭場からのアガリ（直系露店のアガリも含む）は、一日一升枡（しょうます）百杯に達し、組の金庫は札束で唸ったという。

同時に組織もふくれにふくれあがった。関東松田組は直系組員だけで百人、総勢二千人ともいわれる勢力になったのである。

そうした力を背景に、松田義一は昭和二十年の暮れ、名門テキヤ・松坂屋五代目を継承、一介の愚連隊からテキヤ社会の公認の存在となった。松田の愚連隊流のはねっ返りを封じたいとする親分衆と、親分衆に公認されたいという松田との双方の思惑が一致した結果の所産であった。

だが、松田はテキヤの旧態依然とした露店というスタイルに、それほど希望を持ってはいなかった。かねがね、

「露店の繁栄は、商店街やデパートが息を吹き返すまでの二、三年だ」

と考えていたのである。

そこで独自の計画を練っていた。合資新生社の渡辺敬吉社長と組んで、新橋駅西口の強制疎開地域広場（二千八百坪）に新生マーケットを建設しようというものだった。そこへ露天商を収容し、ゆくゆくはデパート化して、そこを拠点に商事会社を興し、興行、土建、その他の事業にも手を伸ばそうという壮大な計画であった。

松田に、こうした〝近代化〟という考えかたを示唆したのは、ニューヨーク・ポスト東京派遣員のダレル・ベリガンであったといわれる。

日本の民主化を妨げている最たるものは封建的家族制度、つまり〝親子関係〟という基本認識を持っていたベリガンは、ヤクザ社会の支配関係も、この家父長制度の病理的移殖と見たのである。

ベリガンが書いた『やくざの世界――日本社会の内幕』（昭和二十三年八月刊行「近代思想社」）も、一貫してそういう観点からのものだった。

ベリガンは取材で知りあい、親しくなった松田に、関東松田組を商事会社に改変して近代化を目指すべきだ——と説いたといわれる。

このベリガンからどれだけ影響を受けたかは別として、松田が本気で近代化に取りくんだのは確かなことだった。計画通り、総工費一千万円を投じてマーケットの建設に着手したのは、昭和二十一年三月であった。

工事は予想以上に順調に進み、三カ月後には完成目前というところまできていた。

刺青の女の首から吹き出す血

そんな折——六月十日の夜十時ごろ、関東松田組本部へ約束もなしに訪ねてきた男がいた。

松田のかつての舎弟で、野寺という男だった。松田に破門された身である。

「親父に会いたい」

応対に出た手伝いの女が気をきかして、

「出かけています」

と答えた。どう見ても歓迎すべき客とは思えなかったからだ。

「話がある。呼んできてくれ」

元舎弟は、松田の在宅を知っていたのだ。

この夜、松田は麻布のプレス・ネストで、ベリガンと会う約束をしており、その仕度にとりかかっている最中だった。

訪問客が破門した野寺と知り、松田は、

「用件はなんだ？」

と着流し姿で応対に出た。

それから二十分くらい二人は話しあった。破門を解いてくれという話だったとも、中国人の意を受けたマーケットの一件であったともいわれるが、その内容は不明である。ときおり意見がぶつかるのか、次第に二人の声が高くなったという。

やがて野寺は、「帰るぜ」と席を立った。

送って出ようとして、松田がドアのほうへ一歩足を踏みだしたとき、惨劇は起きた。

「バーン！」という銃声が事務所内に轟いた。野寺が隠し持っていた拳銃を取りだすや、振り向きざまにぶっ放したのだ。

銃弾は間違いなく松田をとらえた。それでも松田はひるまず、「待て！」と追おうとして、五、六歩狙撃者に迫ったところで、力つきてよろけた。

そこを野寺はさらに二発見舞った。三発目がまともに松田の心臓をぶち抜いた。

銃声に驚いた妻の芳子が、短銃片手に駆けつけたときにはもう遅かった。松田は血の海に沈んでいたのである。

松田の胸に彫られた女の刺青が、芳子の目にひときわ鮮やかに映えた。

そして、その匕首をくわえたザンバラ髪の女の首すじあたりから、血が脈を打って吹き出していた。

死線をさまよいながら、松田は辞世をこう詠んだという。

「松虫よ　美人の袖に落ちて死ね」

かくて〝カッパの松〟の異名をとった神農界の旋風児は、三十六年の波瀾の生涯を閉じたのである。

解説　組織は消えても、ヤクザは消えない

宮崎（みやざき）　学（まなぶ）

本書は『週刊実話』の連載をまとめたもので、第一話の堀政夫（住吉連合会総裁）から、第十八話の松田義一（関東松田組組長）まで、まさに伝説のヤクザたちが名を連ねる。彼らは、ヤクザになった経緯や理由もさまざまであるが、任侠としての生き方を貫いてきた真の侠（おとこ）たちである。

こんなことを書くと、「こんなヤクザはもう出てこない」「もはやヤクザは終わった」あるいは「暴力団員を美化するな」という批判をいただくだろう。

だが、そうであろうか。

私は、ヤクザは終わっていないし、これからも生き続けると考える。もちろん、「美化」でもない。

そもそもヤクザという生き方に、定義などない。

ヤクザの源流とされる江戸時代の幡随院長兵衛のような町奴から、映画『仁義なき

戦い』に登場するようなヤクザ、初代山口組・山口春吉のような港湾荷役労働者の親分、そして経済ヤクザまで、「ヤクザ」と呼ばれてはいても、その在り方はさまざまである。

そこに共通点があるとすれば、心根の部分であろう。心根とは、任侠である。「任侠」とは、辞書には「弱い者を助け、強い者をくじき、義のためには命を惜しまないという気風。おとこぎ。おとこだて。『――の徒』『――道』」とある（電子版三省堂 大辞林）。

弱い者をいじめることはなく、むしろ守ってきたのがヤクザである。戦後は浮浪児たちの親代わりになり、悪さをする若者たちを諌(いさ)めるのも親分衆の役目であった。

本書に登場する、乱暴ななかにも任侠をわきまえた親分衆の活躍は、まったく飽きさせることがない。

また、「昭和」という時代もあるが、本書には戦争体験を持つヤクザが多いことも興味深かった。戦争での体験は、彼らを大きく成長させたのだろう。

たとえば二代目稲川会の石井隆匡は経済ヤクザとして名を馳せ、寡黙な紳士然としていたことでも知られるが、太平洋戦争末期に海軍通信学校をトップクラスで卒業している。人間魚雷の基地で通信兵として終戦を迎え、翌昭和二十一年に稼業入りしている。

また、住吉一家大日本興行初代会長の高橋輝男も中国・海南島に赴き、ズタ袋一つで復員している。焼野原が広がる日本に落胆し、ヤクザ社会を「何もかも失った日本に唯一残された日本的なもの」と評して自らもその道を選んだという。

そして、北海道内最大規模組織である山口組直参・初代誠友会の会長で〝北海のライオン〟と呼ばれた石間春夫も、太平洋戦争末期に海軍対潜学校を卒業、海防艦に配属されている。米潜水艦の魚雷攻撃を受けて乗り組んでいた艦船が大破し、重油の海に投げ出されるなど生命の危機を何度も乗り越えている。復員後は、建設業「石間組」を設立、タコ部屋の出身者らをまとめあげた。余談ではあるが、この「タコ部屋」とは、主に北海道での奴隷的な労働制度を指していた。

辞書には「日本資本主義の創成期から1930年にわたって、炭鉱、金属鉱山、開発土木工事（道路、築港、鉄道、水力発電など）の部門で行われた奴隷的な過酷な労働制度。創成期の囚人労働の代替物として、主として北海道、樺太（サハリン）、東北、北陸、北九州に、また業種によっては全国的に行われた納屋制度。人夫部屋、監獄部屋ともいう。タコ部屋には、囚人の代わりに都市、農村の窮民が誘拐まがいの方法で集められ、親方（管理人）、帳場、世話やき、棒頭、中飯台、下飯台という序列のもとに、労働と消費の両面で過酷な搾取と隷従を強制された。タコとは棒頭、中飯台、下飯台の総称で、蛸壺（たこつぼ）に入ったタコのように再び脱出できないという意味だといわれる」（電子版ブリタニカ国際大百科事典）とある。

こうした過酷な労働環境を経験してきた者たちを統率するには、頑健な体を持ったヤクザは適任といえた。

山口組初代の春吉も、港湾荷役の人足からスタートし、神戸の大物ヤクザ・大島秀吉をはじめ周囲の信任を得て、自ら人足をまとめる組織「山口組」を立ち上げているのはよく知られるところである。

ところで、まえがきには『週刊実話』連載にあたっての「人選」について、編集者との打ちあわせの段階で「あまり世に出ていない人物」を取りあげることも考えたが、やはり「スターヤクザ」が中心になったとある。たしかに本書に登場するのは、ヤクザファンたちにはよく知られた存在ばかりであるが、平成も終わる現代では忘れられた親分も多い。

そのなかに〝南海の松〟こと松田武嗣がいる。いまでは知る人も少ないと思うが、かつてはヤクザらしいヤクザとしてならした男である。「南海」とはとくに意味はなく、不良仲間から「今日から『南海の松』と名のれ」と言われただけだというが、その仲間に「南海の松」と刺青まで入れられている。

この松田が、戦後すぐの北海道・小樽の地元紙の調査で、子どもたちから「将来なりたい人物」として挙げられていたことは、本書で知った。総理大臣やプロ野球選手とともに不良の名があることは痛快であるが、さらに同じ調査に「昭和の脱獄王」と呼ばれた白鳥由栄の名もあった。

この松田も戦争中は人間魚雷の訓練に明け暮れていたが、もともと喧嘩が強く、放浪癖もあった。とりわけ傷害事件で指名手配を受けて逃げ続けたときなど、大々的に報じられた国内初の全国合同捜査の対象であったから、子どもたちに「有名人」としてインプットされてしまったようだ。

また、松田は飯島一家松本分家庵袋二代目を襲名するが、初代の庵袋秀一は元警察官であった。テキヤの名門である飯島一家の親分の一人・松本芳市に惚れこんで子分になったのだ。多くはないが、警察官との「密接交際」は珍しくもなかった。私が子どものころにも、実家である父親の組に地元の警察官が下宿していたほどである。

それに比べると、現在のヤクザの生活が世知がらいのはまた事実である。オレオレ詐欺と違法薬物、あるいは密漁程度しかシノギがなく、任侠とは程遠い。私もこれを称賛するものではないが、金融機関の口座を持てず、携帯電話も契約できなければ、食っていくために非合法の手段をとるのはむしろ自然である。

昨今では、食い詰めた「貧困暴力団員」が、かつてはなかった他組織や半グレとの連携による大規模犯罪を引き起こす事態にまで至っている。

典型的な例が、平成二十八年五月に発生した不正引き出し事件である。全国のコンビニなどに設置された約千七百台のＡＴＭから十八億円あまりのカネが一斉に引き出され、のちに出し子と指示役とされる人物が逮捕されたが、全容は明らかになっていない。

覚醒剤の密輸などでは以前から組織の系列とは関係なく取り引きが行われてきたが、ＡＴＭから億単位のカネを大規模に引き出すようなことは考えられなかった。人数が多ければ多いほど秘密の保持が難しいうえに、取り分をめぐってモメる可能性も高くなるからだ。

だが、平成二十八年に発生したこの事件では、アフリカの銀行の顧客管理システムに侵入して偽造カードをつくり、無料通信アプリＬＩＮＥを使って連絡を取り合っていた。まさに二十一世紀型の犯罪である。

これも「時代の流れ」といえばそうなのかもしれないが、かつてのような統制のとれた組織のもとではなく、個人として犯罪に加担していることは、想定内とはいえ微妙なものがある。

平成三年の暴対法（暴力団員による不当な行為の防止等に関する法律）施行に際しても、こうした法律ができれば、必ずヤクザが地下化し、犯罪が見えにくくなることは、私だけでなく多くの識者が指摘してきた。

ヤクザ組織やヤクザ者が消えたところで、行き場のない「元ヤクザたち」がより悪い存在となるのは明らかである。

いま、問題となっている「貧困暴力団」なるものも、三十年も前から予見されてきたことなのだ。

ちなみに暴対法の施行をめぐっては、平成三年一月に極妻（ごくつま）たちが反対の声をあげて銀座でデモ行進をしたこともある。いまでは考えられないことである。

全国から集まった極妻たちは、胸に白いバラをつけて「ヤクザにも人権がある。ヤクザは暴力団ではない。本当の暴力団は自民党だ」とシュプレヒコールを繰り返したと、当時の報道にある。

面白いのは、読売新聞が客観的に取りあげていたのに対し、朝日新聞は「道行く買い物客らは『暴力団から足を洗うよう、まず夫に忠告すべきだ』などと、冷ややか。取材に来た米国人記者は『アメリカではマフィアの家族も絶対に表には出ない。ニッポンは不思議な国』と驚いていた」などと揶揄（やゆ）するように書いているところである。

それも含めて、当時はテレビ朝日の討論番組『朝まで生テレビ』でも暴対法の問題が取りあげられるなど、それなりに議論は盛り上がっていた。

だが、平成二十三年までに全国の自治体で施行された暴力団排除条例については、こうした機運もなかった。実際にはヤクザを規制する暴対法よりも、「ヤクザとつきあう市民」を規制する暴排条例がヤクザを追いこんでいくことになる。

国会での議論を経ずに地方議会で決めることのできる条例でヤクザを排除することにしたのは、警察庁である。これはなかなかの奇策であったと皮肉の一つもいいたいところであるが、畢竟（ひっきょう）、現在のような「貧困暴力団」の犯罪を増やす結果となってしまった。

排除されるのがつらいのであれば、ヤクザをやめればいいのではないか？

誰もが思うことだろう。

東海テレビのドキュメンタリー映画『ヤクザと憲法』（平成二十八年公開）に出演した二代目東組二代目清勇会の川口和秀会長は、この監督からの素朴な質問にこう答えた。

「やめて、どこ行くんや？」

やめたところで「元暴力団員」のレッテルは一生剝がすことはできず、雇い入れる企業はほとんどない。ますます犯罪は増えるだろう。

ヤクザがここまで追いこまれたことはなかったが、現在だけがヤクザ受難の時代というわけでもない。ヤクザにとっていい時代などなかった。

だが、本書で山平が書くヤクザたちは、運命を嘆くよりも、それを受け入れ、ヤクザとしていかに生きるかを追求してきた。

時代は違っても、本書から私たちが受けとれるものは、いくらでもある。「終わった」のは、「昭和のヤクザ」であり、「平成のヤクザ」である。これからも形を変えながら「二十一世紀のヤクザ」の時代は続いていく。

◎本書は二〇〇五年十一月に竹書房より刊行された
『実録日本任雄列伝　伝説のヤクザ』を改題、再編集し、文庫化したものです。

文庫ぎんが堂

伝説のヤクザ18人

2018年8月20日　第1刷発行

著者　山平重樹

ブックデザイン　タカハシデザイン室

編集協力　日暮 敬

編集　佐野千恵美

発行人　北畠夏影

発行所　株式会社イースト・プレス

〒101-0051　東京都千代田区神田神保町2-4-7 久月神田ビル

TEL 03-5213-4700　FAX 03-5213-4701

http://www.eastpress.co.jp/

印刷所　中央精版印刷株式会社

ISBN978-4-7816-7172-7

JASRAC 出 1807673-801

文庫ぎんが堂

山口組激動史〈第1部〉誕生から分裂まで
大道智史

定価 本体762円＋税

大正4年、山口春吉により結成された山口組。その実子である二代目組長山口登を経て、三代目田岡一雄の時代には全国に展開、押しも押されもせぬ最大の極道組織となる。数々の抗争を勝ち抜き、比類なき大勢力を築きあげた山口組の道程。全2巻

山口組激動史〈第2部〉山一抗争～六代目
大道智史

定価 本体762円＋税

内部分裂から勃発した「山一抗争」という最大の危機を乗り越えた山口組は、渡辺芳則五代目体制が発足。しかし、宅見勝若頭が直系組織・中野会によって暗殺されるという衝撃的な事件に見舞われる。司忍六代目へと至る、野望と抗争の軌跡。全2巻。

戦後ヤクザ抗争史
永田哲朗

定価 本体800円＋税

非情の論理によって繰り返される報復劇！　熾烈を極めた「沖縄戦争」、史上名高い〈仁義なき戦い〉「広島抗争」、泥沼化した「中京戦争」、山口組大分裂による「山一抗争」、平和共存時代に起きた各地の抗争など、戦後主要な50の事件・抗争を網羅。

文庫ぎんが堂